M.C. Strobl

DURST
Ein Flüchtling erzählt

Bibliografische Information der Deutschen Nationalbibliothek
Die deutsche Nationalbibliothek verzeichnet diese Publikation in der Deutschen Nationalbibliografie unter dem Gesamtwerk „DURST“, ISBN 9783744840231 BoD

Haftungsausschluss

Teile des vorliegenden Buches basieren (unter anderem) auf zahlreichen persönlichen Angaben, die zur Wahrung der authentischen Wiedergabe inhaltlich nicht modifiziert wurden. Weder die Autorin, noch ihr Lektorat können für eventuelle Nachteile oder Schäden, die aus den im Buch vorgestellten Informationen resultieren, eine Haftung übernehmen. Alle Angaben erfolgen ohne Gewähr. Dieses Schriftgut basiert auf wahren Begebenheiten. Zum Schutze der Privatsphäre der erwähnten Persönlichkeiten wurden sämtliche Namen verfälscht.
Sollten sich trotz sorgfältiger Korrektur Fehler eingeschlichen haben, erbitten wir weiterführende Hinweise darauf. Wenden Sie sich in diesem Fall schriftlich an die Autorin.

Markenschutz

Dieses Buch enthält eingetragene Warenzeichen, Handelsnamen und Gebrauchsmarken. Wenn diese nicht als solche gekennzeichnet sein sollten, so gelten trotzdem die entsprechenden Bestimmungen.
3.Auflage, September 2018, ISBN 9783744840231
Herstellung und Verlag: BoD – Books on Demand GmbH, Norderstedt

Lektorin: Christine Norden

Buchumschlag und Bearbeitung: www.bod.de

M.C. Strobl

DURST
Ein Flüchtling erzählt

Ein Thema, das kaum aktueller sein könnte: Flüchtlinge.

Wir alle sind umgeben davon. Die einen sind betroffen, die anderen sehen weg. Ein Thema, das spaltet.

Dabei könnte es uns verbinden...

Strobl erzählt in ihrem Buch die wahre Geschichte von Khalid, einem jungen afghanischen Flüchtling.

Aufgrund seiner Arbeit mit den Amerikanern soll er von den islamischen Terroristen getötet werden.
Als sein Bruder entführt und getötet wird, tritt Khalid seine dramatische Flucht an. Er hat überlebt.
Hier in Österreich ist er erst einmal in Sicherheit. Doch wie geht es weiter?

Khalid erzählt von seinem Heimatland, den Gebräuchen, seiner Arbeit, seiner Flucht und dem Alltag im Asylwohnhaus.

Er lässt uns teilhaben an seinen Erinnerungen, Gedanken, Sehnsüchten, Ängsten und Hoffnungen.

Und an der demütigen Erfahrung des Wartens...

INHALT

Vorwort der Autorin
9

Khalid
19

Familie
21

Krieg
23

Schulzeit
25

Gewalt
29

Frauen
31

Der Islam
37

Sehnsucht
41

Arbeit
45

Weis
53

Ein kleiner Junge
57

Vom Sohn, der seine Eltern schlug
63

Der Soldat, der nicht schießen konnte
65

Das Armband
67

Blut und Wahnsinn
71

Farad
75

Flucht
81

Heimatlos
107

Warten
117

Gedanken der Autorin
123

Zuletzt
133

DURST

Durst nach Ruhe
Durst nach Freiheit
Durst nach Frieden
Durst nach Familie
Durst nach Wasser
Durst nach Liebe
Durst nach Heimat
Durst auf Leben

Als ich Kind war, versuchte mein Vater mir zu erklären, was Durst wirklich bedeutet. Er beschrieb ihn als eine der grauenvollsten Begierden, die es gibt. Man wird besessen. Man wird verrückt. Und man meistert Unglaubliches, geht über Grenzen und riskiert sein Leben.
Nur dieser Durst muss endlich aufhören. Nichts sonst ist noch wichtig.
Nichts sonst.

VORWORT der Autorin

Wir haben uns vor einem Jahr im Süden Österreichs ein Häuschen gekauft und fühlen uns sehr wohl hier.

Nachdem wir über 5 Jahre neben einer tyrannischen und geisteskranken Nachbarin ausharren mussten, die uns und unsere Kinder nach und nach ernsthaft in große Gefahr gebracht hatte, waren wir unglaublich erleichtert, nun endlich in Frieden leben zu können.

Die Nachwirkungen ihrer permanenten Quälereien spüren wir immer noch in allen Knochen. Dieses Gefühl zu genießen, endlich in Sicherheit zu sein, wieder Vertrauen zu fassen, ist schwieriger als wir es uns gedacht hatten. Eine gewisse Unruhe wird uns noch eine Zeitlang begleiten.

Ich erinnere mich, wie schwierig es war, damals, im Prozess mit der Nachbarin, die Hilfe der restlichen Anrainer zu bekommen. Jeder glaubte uns zwar, doch keiner wollte sich mit ihr anlegen. Jeder hatte Angst. Und darum wollten sie „neutral“ bleiben.

„Wir sind die Schweiz!“ sagte uns ein durchaus nettes Nachbarpärchen arglos ins Gesicht, nachdem wir ihnen erzählt hatten, dass die gute Frau nebenan unseren Kindern zur Kindergeburtstagsfeier Pornofilme vorgespielt hatte, sie uns Tag und Nacht observierte und unsere sechsjährige Tochter beinahe mit dem Auto überfahren hatte. Vier unserer Katzen verschwanden unter mysteriösen Umständen, zwei davon kamen schwer verletzt zu uns zurück und mussten eingeschläfert werden.

Unser junger Schutzhund wurde während unserer Abwesenheit systematisch mit einer Hundepfeife dazu abgerichtet, über unseren Gartenzaun zu springen und weit wegzulaufen. Die Täterin selbst war es dann, die jedes Mal prompt die Polizei herbeirief, um uns anzuzeigen. Nachdem wir unseren Zaun erhöhten, wurde er regelmäßig durchgeschnitten, jenseits des Zauns lagen Hundekekse, um das arme Tier an die „richtige“ Stelle zu locken. Der Hund war bereits auf das Weglaufen konditioniert worden und türmte sofort.

Das alles und noch viel mehr, weil sie uns hasste, weil wir eine Familie waren und sie eine verbitterte alleinstehende, kinderlose Frau, die uns mit allen Mitteln vertreiben wollte.

Wir fühlten uns so ausgeliefert und hilflos.

Wir wollten stark bleiben. Immer wieder beschwichtigten wir uns gegenseitig, konnten uns nicht vorstellen, dass jemand uns derart Schaden zufügen wollte. Wir glaubten an ein Gerechtigkeitssystem, suchten Hilfe bei Behörden und Polizei. Die Unterstützung war dürftig, da Beweise für ihre Untaten fehlten. Nicht zuletzt waren wir auch deswegen machtlos, weil unsere Widersacherin sich in ihrer Freizeit geschickt dort aufhielt, wo sie private Kontakte zu Polizisten und Beamten knüpfen konnte.

Objektiv und sachlich bearbeitet konnte unser Fall also

gar nicht mehr werden.

Was sollten wir also tun?

Nach vielen Jahren der Tränen, des Ärgers, der Angst und Verzweiflung aller Familienmitglieder, nachdem selbst

unsere Verwandten und Freunde erkannten, dass es sinnlos und enervierend war, weiter zu kämpfen, entschieden wir, uns von dem schönen Haus zu trennen und möglichst weit wegzuziehen.

So kamen wir also hierher. Und wir hatten Glück, denn wir konnten das neue Häuschen zu einem guten Preis erstehen. So blieb sogar noch Geld für ein Familienauto übrig.

Durch die Auswirkungen auf unser Seelenleben durch die Terroraktionen dieser feindseligen Frau konnten wir auf besondere Weise nachvollziehen, wie es Menschen gehen muss, die ihr geliebtes Zuhause verlassen, um Krieg und Todesangst zu entfliehen.

Als im Sommer 2015 diese vielen Fremden aus Kriegsgebieten in unser Land kamen, empfanden wir inniges Mitgefühl für diese Schicksale.

Wir wussten, wie schwer es war, seinem Zuhause adieu zu sagen und waren es auch nur einige Kilometer. Für uns war klar, dass diese Menschen nicht hier waren, um uns auszubeuten.

Auch in unserem neuen Wohnort gab es ein

Flüchtlingsquartier. Bereits vor unserem Hauskauf entdeckten wir im Zuge unserer Recherchen über unsere künftige Heimat, Zeitungsartikel im Internet, wo darüber berichtet wurde.

Es sollte jedoch fast ein Jahr dauern, bis wir diese jungen Männer kennenlernten.

Es war im Herbst 2016 gewesen.

Nach einer Einkaufstour mit unserem neu angeschafften Van waren wir mit unseren drei kleineren Kindern auf dem Nachhauseweg. Ungefähr einen Kilometer von unserem Haus entfernt, erblickten wir ihn. Einen jungen, nicht allzu großen dunkelhaarigen Mann mit einem Rucksack.

Mein erster Gedanke war „Das muss einer von den Flüchtlingen in unserem Dorf sein!“
Und ich hatte Recht.

Sogleich vermeldete mein achtjähriger Sohn laut: „Schaut, da geht Khalid!“

Meine Kinder hatten im Sommer bereits die Möglichkeit gehabt, ihn und seine Mitbewohner kennenzulernen. Gelegentlich spielten sie gemeinsam Fußball auf der großen Wiese vor der Asylunterkunft und einmal waren sie sogar zu Kaffee und Kakao eingeladen worden.

Ich war neugierig geworden und schlug meinem Mann vor, anzuhalten und den unbekannten Afghanen mitzunehmen. Es war kalt und regnerisch gewesen an diesem Tag. Jeden Moment konnte ein Wolkenbruch niedergehen.

Es war anzunehmen, dass kein anderer ihn sonst abholen würde. Immerhin wusste ich, dass „die Asylanten“, wie sie immer mit einem mehr oder weniger lauten Unterton des Missfallens von den Dorfbewohnern genannt wurden, bei den meisten hier nicht gerade willkommen waren.

Was ich jedoch zu diesem Zeitpunkt noch nicht wusste, war, dass es durchaus einige beherzte Menschen in der näheren Umgebung gab, die sich um das Wohl dieser Gestrandeten annahmen. Völlig unentgeltlich und aus Nächstenliebe. Ehrenamtlich.
Von Kritikern als „Gutmenschen“ bezeichnet.

Mir war bereits zu Ohren gekommen, wie die ersten Reaktionen der Dorfbewohner ausfielen, als die Flüchtlinge angekündigt wurden. Von „Wir wollen sie hier nicht haben!“, „Diese testosterongesteuerten Wilden fallen auch noch über unsere Kinder und Frauen her!“ bis zu dem Vorsatz: „Wir zünden diese Bude einfach an, dann sind sie auch gleich wieder weg!“
Die Grausamkeit dieser Gegner, von denen einige im Laufe dieses ersten Jahres zu unseren Freunden geworden waren, entsetzte mich zutiefst.

Wer konnte denn schon wirklich wissen, was diese Menschen alles hinter sich haben. Immerhin waren sie doch Flüchtlinge. Doch welche Art von Flüchtlingen? In den Medien wird unterschieden zwischen Kriegsflüchtlingen oder Wirtschaftsflüchtlingen. Wer ist jetzt was? Dieser Unterschied trägt angeblich maßgeblich zu der Spannung in unserem Land bei. Und

Spannungen gibt es zahlreiche. Im vergangenen Jahr, gleich nach der großen Flüchtlingswelle 2015 begann es ordentlich zu kriseln unter uns Österreichern, und das, wo wir doch an sich ein sozial eingestelltes Völkchen sind.
Nun musste ich mich jedoch häufig sehr wundern, was in der letzten Zeit, selbst von Freunden und bislang als hilfsbereit geltenden Personen an abwertenden Aussagen herausgesprudelt kam. Es war enttäuschend, zu erleben, wie zynisch und gefühllos viele meiner nächsten
Mitmenschen auf den Strom der Hilfesuchenden reagierte.

Andererseits:
Es soll ja immer überall auch ein Körnchen Wahrheit dahinterstecken. Vielleicht stimmte es ja, was die Medien verbreiteten, dass DIE nur deswegen hierherkommen, weil
sie es sich bei uns gemütlich machen möchten. Sich hier ansiedeln, unser vorwiegend katholisches Land islamisieren, es erobern, die Frauen unterdrücken und vergewaltigen, um sie zu versklaven, unsere Arbeitsplätze wegnehmen. Kollektiver „sanfter" Terrorismus also.

So skeptisch ich selbst jedem neuen Ereignis oder Fremden gegenüberstehe, das wollte ich einfach nicht glauben. Und was, wenn diese fünf Fremden aus einem krisengeschüttelten Land tatsächlich ein schweres Schicksal zu tragen hatten? Ein Schicksal, von dem die meisten von uns in diesem „gelobten Land" überhaupt keine Ahnung hatten? Weil wir das Glück haben, ohne Krieg aufgewachsen zu sein...

Ich wollte mich persönlich davon überzeugen, mir selbst ein Bild machen. Die Energie dieser Menschen fühlen. Mit meiner Neugier bringe ich zwar selbst moderne Menschen aus unseren Gefilden in Verlegenheit.

Antworten bekomme ich jedoch in der Regel immer. Jeder spricht im Grunde doch gerne über sich selbst. Wie wäre das mit diesen Leuten? Würden sie erzählen wollen? Ich war wirklich neugierig.

„Ja, bleib stehen! Ich möchte Khalid jetzt auch einmal kennenlernen!"

Mein Mann hielt also an. Freundlich wurden wir begrüßt. Was ich sah, erstaunte mich sehr. Dieser junge Ausländer schien sehr gute Umgangsformen zu haben. Er strahlte übers ganze Gesicht, so sehr freute er sich, dass wir anhielten und ihn ansprachen. Er war sehr höflich und
erklärte, er wollte keine Umstände machen, es wäre ja nicht mehr so weit nach Hause. Doch mein Mann bestand darauf,
dass er einstieg.

Es waren nicht einmal fünf Minuten, doch es genügte mir fürs Erste, um zu bemerken, dass dieser junge Mann sehr herzlich, gepflegt, überaus respektvoll und dankbar war. Jedenfalls war er mir auf Anhieb sympathisch. Ich darf jedoch zu Recht von mir behaupten, dass ich gegen Menschen aus anderen Ursprungsländern nicht mehr Vorurteile hege, als zu Menschen, die hier leben. Das liegt daran, dass ich selbst kaum negative Erlebnisse in dieser Hinsicht zu verzeichnen habe. Ich begegne grundsätzlich jedem Menschen erst einmal mit Achtung und Respekt. Weil ich denke, dass jeder Mensch lieber wertgeschätzt, als abschätzig gemustert oder ignoriert wird.

Ich gehe ja eigentlich nur von mir selbst aus.

Wie würde ich reagieren?
Wenn ich anderen Menschen begegne und man mich ignoriert, fühle ich mich natürlich nicht beachtenswert, sogar abgewertet. Spüre ich gar noch schiefe Blicke hinter meinem Rücken, verunsichert mich das sehr. Wenn ich verunsichert bin, verstecke ich mich hinter einer Maske. Ich zeige mein wahres Ich nicht mehr, wirke sogar arrogant.
Ich denke, Arroganz ist immer ein Indikator für Unsicherheit.

Dieser Mensch war nicht unsicher.
Als Khalid ausstieg, erklärte er, dass wir jederzeit ohne Anmeldung zu ihnen zu Besuch kommen dürften. Sie würden sich freuen.

Bei einer Entrümpelungsaktion in unserem Haus musterten wir auch unsere Kleidung einmal ordentlich aus.
Mein Mann und ich beschlossen, die fünf afghanischen Burschen zu fragen, ob sie etwas brauchen würden. Wir luden sie zum Tee ein, sie sollten sich einfach nehmen, was sie brauchen konnten.

An einem Sonntagnachmittag war es dann soweit. Wir tranken Tee, unterhielten uns, und ich war sehr erstaunt, dass sie alle schon bemerkenswert gut

Deutsch sprachen. Sie erzählten liebevoll von ihrer „Mama". Christine, eine pensionierte Hauptschullehrerin, kam dreimal in der Woche für jeweils zwei Stunden zu ihnen nach Hause, um sie unsere Sprache zu unterrichten. Dabei brachte sie ihnen auch unsere Kultur und hiesige Gebräuche näher.

Diese „Fremden" waren wirklich witzig und wissbegierig. Und eigentlich gar nicht fremd. Sie sahen zwar etwas südländisch aus, und auch in der Sprache schwang ein Dialekt mit, doch sonst schienen sie hier gut angekommen zu sein.

Natürlich kamen auch ein paar kurze Berichte über ihre Fluchtgründe und die Umstände ihrer Flucht zur Sprache. Leider nur sehr oberflächlich.
Ich merkte, wie ich gerne noch mehr darüber erfahren wollte. Über ihre Ansichten, ihre Religion, ihr Leben vor der Flucht, ihre Pläne für die Zukunft.

Eine Woche später wurden wir alle gemeinsam zu Kaffee und Kuchen eingeladen. So lernte ich auch die anderen beiden Bewohner kennen.
Ich erlebte fünf sehr unterschiedliche Menschen, die scheinbar seit eineinhalb Jahren respektvoll, gut organisiert und friedlich unter einem Dach lebten.

Auf meine Frage, wie oft sie sich streiten würden, bekam ich die Antwort, dass es kaum Streit gab. Und wenn, dann würde man darüber in Ruhe sprechen. Es klang tatsächlich
authentisch. Sie hatten zu Beginn ihrer Wohngemeinschaft miteinander vereinbart, dass sie

nicht über den Krieg und ihre Heimat sprechen würden. Sie wollten diese Energie außen vorlassen, sich nicht gegenseitig mit traurigen und schweren Erinnerungen konfrontieren. Sie hatten beschlossen, positiv und hoffnungsvoll in die Zukunft zu blicken.

Und bei weiteren Zusammenkünften begann ich mich immer wieder zu fragen, wer diese Fremden wirklich waren. Sie bemühten sich sehr, fröhlich und positiv zu wirken, doch bei genauem Hinsehen sah man in traurige, ängstliche Augen.

Ich ahnte, dass vieles auf ihren Schultern lastete, das sie sich vielleicht von der Seele sprechen wollten.
Ein freundschaftliches offenes Ohr tat wohl jedem gut.
Ich konnte sicher auch vieles über diese andere Welt im Krieg, wie auch über diese abstruse andere Religion lernen.
Ich wollte es verstehen lernen, warum junge Männer ihre Familien und Lieben hinter sich lassen konnten. Warum sie allein gekommen waren. Was sie hier vorhatten.

Und ganz unverblümt schlug ich eines Tages vor, darüber schreiben zu wollen. Ich bot ihnen an, ihre Geschichte aufzuschreiben.
Und Khalid wollte sofort.

Viele Wochen saßen wir gemeinsam am Tisch. Er erzählte mir offenherzig von seinem Leben und beantwortete unzählige meiner Fragen. Fragen, die ich immer wieder stellte, sie hin und her drehte, damit ich ein ganz klares Bild bekam. Ich tauchte ein in eine Welt der Angst, des Terrors und des Krieges. In die Seele eines Menschen, der seine geliebte Familie verlassen hatte, um sie zu retten...

KHALID

Mein Name ist Khalid. Ich war 23 Jahre alt, als ich im Mai 2015 aus einem Bezirk im afghanischen Kabul, meine Flucht nach Österreich antrat.

Ich möchte hier meine Geschichte erzählen.

FAMILIE

Ich wurde an einem Tag im Februar des Jahres 1992 als drittes von vier Kindern meiner Eltern in einem kleinen Vorstadtdorf geboren. Es ist ein Dorf wie diese kleine Gemeinde hier, wo ich nunmehr nach 20 Monaten ein neues Zuhause gefunden habe. Der große Unterschied ist, dass es hier friedlich ist.

Meine Familie gehört der Volksgruppe der Tadschiken an.
Da, wo ich herkomme, herrscht seit 40 Jahren Krieg.

Ich erinnere mich daran, dass wir sehr wenige Sachen besaßen, kein Spielzeug und sehr wenig Kleidung. Gespielt haben wir mit ausrangierten Panzern und kaputten Waffen, die überall herumlagen. Viele Kinder mussten auch ihr Leben lassen, weil irgendwo noch Patronen und Bomben herumlagen, von denen sie getroffen wurden. Als Kinder waren wir uns nicht bewusst, wie gefährlich das alles war. Für uns war das alles ganz normal.

Wir haben den Krieg nachgespielt. Vielleicht haben wir psychisch so auch ein wenig verarbeitet.

Erst als die Amerikaner kamen, wurden diese „Kriegsspielzeuge“ entfernt. Wir haben die Amerikaner als Retter empfunden.

Meine Familie, alle Leute bei uns waren arm. Nur wenige hatten Arbeit. Die meisten Menschen waren

Bauern. Es
gab kein Spital und keine Schule. Die Amis haben später eine Infrastruktur aufgebaut.

Wir hatten keine Häuser, so wie es sie hier gibt. Es waren Lehmbauten ohne Fenster und Türen und ohne Heizungen.

Unser Haus war sehr klein, es gab nur ein Zimmer, in dem ich mit Mama, meinem Vater und meinem älteren Bruder lebte und schlief.

Im Winter konnte es richtig kalt und ungemütlich werden. Wir konnten nicht ins Freie gehen, da wir nicht einmal Jacken hatten.

Die Menschen waren wirklich arm. Die einzigen Schuhe, die wir hatten, trugen wir das ganze Jahr über. Sie waren aus Plastik.

Natürlich mussten wir im Winter einheizen, jedoch verfügten wir nicht über so etwas wie einen richtigen Ofen. Ein Behälter unter dem Tisch diente uns als Heizquelle.

Es gab nicht viel Holz. Wir mussten oft lange suchen, um Heizmaterial zu finden.

Das Feuer wurde im Freien angezündet und wenn nur mehr Glut in dem Topf war, wurde er ins Haus getragen, wo er unter dem Tisch, auf dem eine große Decke gebreitet wurde, Wärme spendete.

So schliefen wir nebeneinander auf dem Boden, mit den

Füßen unter dem Tisch, unter dieser Decke. Körper an Körper. Alle vier. Meine kleine Schwester zum Glück noch nicht. Sie war zu diesem Zeitpunkt noch nicht geboren.

Meine Eltern arbeiteten damals nicht. Mein Vater hat erst später seinen Lebensmittelladen aufgemacht und meine Mutter arbeitete nie.
Es ist nicht üblich, dass Frauen arbeiten gehen, wenn sie verheiratet sind.

KRIEG

Alle Häuser waren von den Bomben beschädigt und mein Vater hat mir viel vom Krieg erzählt. Über die vielen schrecklichen Dinge, die er miterleben musste. Er redete eigentlich ständig davon. Solange ich ihn kenne.

Zuerst habe ich meinen Onkel verloren, den Bruder meiner Mutter. Dann wurde auch ihr Vater, mein Großvater, bei terroristischen Angriffen getötet.

In den 80er Jahren hatten extremistische Landsleute sich zusammengetan, um als Mudschaheddin gegen die russischen Truppen zu kämpfen. Damals herrschte Mudschaheddin - Krieg in Afghanistan.

Dieser grauenhafte Kampf dauerte Jahre an.

Es ist ein offenes Geheimnis, dass unser Land viele

„seltene Erden" besitzt, auch darum war es für die Großmächte wie Russland und Amerika immer schon interessant gewesen.

Geologen fanden in Afghanistan Lithium, Kupfer, Eisen, Kobalt und Gold im Umfang von etwa 820 Mrd. Euro, was Afghanistan zu einem der weltgrößten Rohstoffexporteure macht.

Die MUDSCHAHEDDIN
Gruppierungen, die von 1979 bis 1989 in Afghanistan gegen die sowjetischen Truppen und die von ihnen gestützte kommunistische Regierung (Sowjetische Intervention in Afghanistan) kämpften. Sie erhielten finanzielle und materielle Unterstützung vor allem von den Vereinigten Staaten, Pakistan und Saudi-Arabien. Die Waffenlieferungen und die Ausbildung vieler Kämpfer wurden vor allem vom US-amerikanischen Geheimdienst CIA und dem pakistanischen Geheimdienst ISI organisiert. Die CIA investierte, in Zusammenarbeit mit dem Maktab al-Chadamāt, im Rahmen der verdeckten Operation Operation Cyclone mehrere Milliarden US-Dollar in die islamistischen Aufständischen. Nach dem Abzug der sowjetischen Truppen 1989 kam es zum Bürgerkrieg zwischen den verschiedenen Mudschahedin-Gruppierungen.
Um den Widerstand gegen die sowjetische Besatzung in Afghanistan anzuspornen, hatten die USA unter anderem mehrere Millionen Dollar in gewaltverherrlichende Lehrbücher investiert. Mittels dieser Bücher, die mit Gewaltdarstellungen, islamistischen Lehren und aus dem Zusammenhang gerissenen Koranversen gefüllt waren, wurde den afghanischen Schulkindern die Lehre vom Dschihad (Heiliger Krieg) nahegebracht. Diese Bücher wurden ebenfalls in Lagern für afghanische Flüchtlinge in Pakistan im Unterricht eingesetzt. Auch die radikalislamischen Gruppierungen verwendeten die von den USA produzierten Bücher. Um die Bücher mit ihrer Ideologie des Bilderverbots in Einklang zu bringen, wurden die menschlichen Gesichter darin herausgeschnitten.

So wie ich das sehe, kämpfen Russland, Großbritannien und Amerika gegeneinander in Afghanistan.
Diese Staaten kämpfen nicht in Amerika oder Russland gegeneinander, sie kommen und tragen die Kämpfe bei uns in Afghanistan aus. Wir sind der Spielplatz der großen Mächte.

Es gab viele Gruppierungen in Afghanistan, die sich gegenseitig bekriegt haben, und es gab sehr viele Tote.

In der Nacht als die Rote Armee der Russen ins Land einmarschierte, wurden allein in Kabul 18.000 Leute getötet. Bei uns gilt dieser Tag als „der schwarze Tag".

Bomben fielen, die Menschen wurden abgeschlachtet. Mit Waffen, die vorwiegend aus Russland, Saudi-Arabien, Pakistan, sowie allen Staaten der NATO kamen.

SCHULZEIT

An meinen ersten Schultag erinnere ich mich gut. Ich war 5 Jahre alt gewesen. Die Schule sah ganz anders aus als Schulen hier in Österreich. Das Schulgebäude war ein Zelt. Ich weiß noch, dass ich viel geweint hatte am ersten Tag, denn ich hatte große Angst vor dem Lehrer, der sehr streng war und die Kinder oft schlug.

Am ersten Schultag bin ich also dahin gegangen und setzte mich. Ich wagte nicht zu sprechen.

So verharrte ich ganz ruhig in der Schule, weil ich mich so fürchtete.

Zuhause war ich nicht so schüchtern.
Nach zwei oder drei Tagen Schule hatte irgendjemand in der Nacht das Schulzelt gestohlen. Es war einfach nicht mehr da.

Wir sind trotzdem hingegangen. Denn Schule war etwas ganz Besonderes.

Schule bedeutete, dass wir gebildet wurden, Wissen vermittelt bekamen. Und Bildung war Macht. Irgendwie haben wir das schon als Kinder verstanden.

Wir saßen auf dem Boden, Tische oder Stühle gab es gar nicht. Für uns war das ganz normal. Und auch der strenge Schulalltag war bald normal geworden, die Angst vor Schlägen aber blieb.

Man durfte sich gar nichts erlauben, für jeden Fehler gab es körperliche Züchtigung.

Auch werde ich wohl niemals vergessen können, dass sie mir, wenn ich etwas nicht wusste, mit einem Stock immer wieder auf meine Füße eingeschlagen haben. Niemand traute sich, etwas zu fragen oder zu widersprechen, wir alle hatten ständig Angst.

Es wird auch heute noch in den Schulen am Land geschlagen, allerdings bei weitem nicht mehr so schlimm wie damals. Ich glaube, in den Städten ist es schon viel besser geworden.

Es hatte auch keinen Sinn gehabt, meinen Eltern zuhause von den Zuständen in der Schule zu erzählen, denn für sie war das alles in Ordnung. Hauptsache war, dass ich überhaupt in die Schule gehen konnte.

Wenn ich sagte: „Der Lehrer hat mich wieder geschlagen!“, dann meinten sie: „Es ist gut für Dich, Du machst so viele Fehler! Du wirst mehr lernen, wenn sie das tun.“

Auch sie kannten es nicht anders. Kinder waren damals Freiwild. Jeder durfte sie schlagen. Einfach jeder!

Meine Mama und mein Vater sind beide völlig ungebildet, Analphabeten. Auch mein um drei Jahre älterer Bruder hatte nicht lesen und schreiben gelernt. Er musste meinem Vater bei der Arbeit helfen. Ich hatte Glück.

Für mich ist Schule dennoch etwas ganz Besonderes. Ich verstehe nicht, dass Kinder hier nicht in die Schule gehen möchten.

Die Menschen hier wissen gar nicht, wie gut es ihnen geht. Sie dürfen in schönen Gebäuden sitzen, die im

Winter beheizt werden, es gibt Autobusse, die Kinder werden in die Schulen chauffiert.

Ich freue mich für die Möglichkeiten, die den kleinen Menschen hier geboten werden und würde mir das so sehr auch für meine Heimat wünschen.

GEWALT

Zuhause werden alle Kinder von den Eltern viel geschlagen. Das ist wie schon gesagt, ganz normal. Auch ich habe das mitbekommen. Es war nicht schön, aber ich kannte es nicht anders. Ich glaube, ich war fünfzehn, als ich merkte, dass da etwas nicht stimmt. Ich denke heute ganz anders darüber.

Ich würde meine Kinder niemals schlagen wollen, und ich habe mit meinem Vater als Erwachsener viel über diese Dinge gesprochen. Ich weiß nicht, ob er jemals verstehen wird, dass Gewalt „nicht normal“ ist.

Trotz aller Schläge traf mich am schlimmsten das dauernde Streiten meiner Eltern. Und sie haben sich immer gestritten. Jeden Tag. Und ich bekam immer alles mit. Sie liebten sich einfach nicht. Sie wurden von ihren Eltern verheiratet. Das ist leider in meiner Heimat übliche Praxis. Ich finde das nicht gut. Wenn zwei Menschen vor der Ehe sich nicht kennen, führt es oft dazu, dass es viele Konflikte gibt. Ich erinnere mich leider zu gut an diese Situationen.
Sie haben mich zutiefst erschüttert. Das Streiten war schlimmer als die Schläge.

Ich konnte nichts dagegen tun.
Ich hatte Angst mit meinem Vater zu sprechen, wie die Kinder hier in Österreich mit ihren Eltern das können.

Ich bin überzeugt, alles wäre anders gekommen ohne Krieg. So viele Menschen, so viele Angehörige wurden getötet, die Leute leben in permanenter Angst vor allem und jedem. Dadurch sind sie nervenkrank geworden. Es scheint, allen in meinem Dorf ist das passiert.

Sie haben einfach zu viele Morde, zu viele Verstümmelungen, zu viel Gewalt und Katastrophen gesehen. Sie konnten es nicht verarbeiten. Es gibt dort keine Psychologen wie hier, die einem helfen, das zu reflektieren und zu ordnen.

Ich glaube, sie haben keine Frustrationstoleranz mehr und drehen ganz leicht durch. Die Würde des Menschen wird dort mit Füßen getreten.

Und wenn ich daran denke, womit wir als Kinder gespielt haben, dann kommt mir das heute höchst merkwürdig vor. Ringsumher standen ausrangierte Panzerfahrzeuge, darin lagen viele alte Waffen herum. Wir haben Krieg gespielt als Kinder. Das war ganz normal. Die Maschinengewehre waren unsere Spielzeuge. Und wir haben uns im Spiel gegenseitig abgeschossen.

Das machten alle bei uns so. Wenn ich hier Kinder sehe und mit meiner Kindheit vergleiche, dann fällt mir auf, wie krank das alles war, was für uns normal schien.

FRAUEN

Früher durfte keine Frau allein das Haus verlassen. Das war zu gefährlich. Und wenn, dann nur mit einer Burka oder einem Niqab und in Begleitung des Mannes. Das ist leider heute auf dem Land immer noch sehr verbreitet.

Frauen durften nicht sagen, was sie denken. Damals nicht. In den Städten ist die Situation nach 2001, seit die NATO Staaten in unser Land kamen, schon ein wenig besser geworden.

Es wurde auch niemals über Beziehungen gesprochen. Die Männer waren in meinen Augen wie Sklavenhalter.

Ich glaube aber nicht, dass die Männer das schön gefunden haben.

Sie hatten keine Wahl. Die Männer konnten nur arbeiten, damit sie sich die Familie leisten konnten. Hätte einer seine Frau nett behandelt, wäre er kein „richtiger Mann“ gewesen und man hätte ihn ausgelacht.

Eines Tages wollte ich mit meiner Mutter hinausgehen und sie griff bereits zur Burka, um sie überzuziehen. „Lass doch die Burka einfach weg und komm mit!“ Meine Mama war total entrüstet und wollte nicht auf mich hören. Ich erklärte ihr, dass ich mich genieren würde, wenn sie mit dem Umhang ginge...

Hijab Chador Niqab Burka

Wenn eine verheiratete Frau sich in einen anderen Mann verliebt, wird sie getötet oder ins Gefängnis gesperrt. Entweder von ihrem Mann oder der Familie des Mannes. Auch der Geliebte wird gesteinigt. Das ist erlaubt und geschieht häufig. Der Mann kann sich auch scheiden lassen, wenn seine Ehefrau keine Kinder bekommen kann. Vor allem sollten es Söhne sein.

Wenn ich eine Frau habe und sie stirbt, dann darf ich eine andere heiraten.
Wenn ein Mann stirbt, dann darf die Frau keinen neuen Mann wählen.
Das steht zwar keineswegs so im Koran, trotzdem traut sich das keine Frau. Es ist einfach nicht üblich, denn tut sie es dennoch, wird sie von der Gesellschaft geächtet. Im Koran steht auch nicht, dass ein Mann eine Frau schlagen darf. Trotzdem tun es die Männer.

Der Umgang vieler Männer mit ihren Frauen ist verheerend.

Ich denke, Afghanistan ist kein gutes Land für Frauen.

Es war vor dreißig, vierzig Jahren viel besser, ganz anders. Wenn ich Bilder von damals sehe, kann ich es fast nicht glauben. Es war alles fast so wie hier. Die Frauen waren viel freier. Sie gingen mit kurzen Röcken und engen Blusen in die Schule. Sie mussten sich nicht verhüllen.

Über Schändungen von Frauen habe ich mit meiner Mutter viel gesprochen. Da war zum Beispiel „Gelamjam“, eine Gruppe von Räubern, die sich dreist allem bemächtigte, was nicht niet- und nagelfest war. So auch den Frauen. Sie stürmten einfach in die Häuser von Familien und kidnappten Frauen und Kinder. Die Familienväter, die Männer, hatten keine Chance, ihr Hab und Gut und die Angehörigen zu verteidigen. Sie wären sofort getötet worden.

Ein einziges Wort genügte, und man wurde einfach erschossen.
So ist das heute auch bei terroristischen Gruppierungen.

Die Brutalität dieser Menschen kennt keine Grenzen. Die Frauen werden gequält. Diese Ungeheuer schneiden Brüste ab, ziehen mit Zangen die Fingernägel heraus, die Finger werden abgeschnitten, Ohren abgetrennt, sie vergewaltigen vor den Augen der Angehörigen. Manchmal töten sie danach und hinterlassen ein entsetzliches Blutbad. Das stößt auch Männern zu.

Wenn die Frau diesen Wahnsinn überlebt, wird die Geschändete von ihrem Mann verstoßen. Sie gilt dann als schmutzig. Ein vergewaltigtes Mädchen wird keinen Mann mehr finden, niemand will sie heiraten, niemand will mehr mit der Familie Kontakt haben. Wenn ein Junge oder Mann das gemacht hat, dann wird er aufgehängt oder gesteinigt. Das ist gut. Doch wenn er eine gute Ausrede hat, kommt er auch einfach so davon.

Wenn eine vergewaltigte Frau schwanger wird, dann wird sie umgebracht. Man steinigt sie zu Tode. Es sei denn, man kann sie dazu überreden, den Vergewaltiger zu heiraten. In diesem Fall entgeht der Peiniger der Strafe. Man meint, dies wäre eine gute Lösung, denn die Frau muss dann nicht unverheiratet und entehrt ihr weiteres Leben fristen. Viele Opfer ergeben sich auf diese Weise ihrem Schicksal.

Eine kranke Frau darf nur von einer Ärztin behandelt werden, wenn es ein Arzt sein muss, geht das nur mit Zustimmung des Mannes.

Ich bin, wie auch heute noch alle Landkinder, zuhause geboren, in unserem kleinen Lehmhaus, wo ich auch aufgewachsen bin.

Viele Frauen sind gestorben während und nach der Geburt, weil sie keine Betreuung durch eine Hebamme bekamen.
Auch sonst ist alles anders als hier in Österreich. Männer sind auch heute nicht bei der Geburt ihrer Kinder dabei. Die Männer müssen raus!

Ich selbst würde sehr gerne meiner zukünftigen Frau bei der Geburt beistehen, aber ich habe Zweifel, ob ich das verkrafte, weil ich so viele verletzte und sterbende Menschen gesehen habe und so viel Blut gesehen habe.

In Afghanistan geht das nicht. Die Leute sagen, das ist eine Blamage, du bist kein richtiger Mann, wenn du deine Frau unterstützt. Das alles müssen die Frauen allein machen.

Es ist durchaus üblich, dass Männer sich umarmen. Bei Mann und Frau sieht man das jedoch nicht. Nur in der Kleinfamilie kommt das vor. Und hier in Österreich. Das finde ich sehr schön, dass sich die Leute hier lieben und das auch zeigen dürfen.

Es gibt auch resolute Frauen dort. Sie verweigern das Tragen der Burka und gehen einfach hinaus, fahren Auto und Fahrrad. Doch sie leben sehr gefährlich, wie ich finde. Jederzeit können sie von Männern deswegen beschimpft werden.

Als im Jahre 2001 die NATO Länder gekommen sind, bedeutete das eine Erweiterung des Horizonts für die Menschen. Es wurde geholfen, Schulen, Spitäler und Universitäten wurden gebaut.

Junge Männer und Frauen dürfen vor der Heirat kein Verhältnis haben, keinen Sex. Wenn sie das vorher tun, und irgendjemand kommt drauf, dann werden sie von den Leuten gesteinigt.

Diese Zustände sind menschenunwürdig. Ich kann mir nicht vorstellen, dass mit solchen Geisteshaltungen eine Gesellschaft gesünder wird.
Über die Steinigung denken heute zum Glück schon viele junge Menschen anders. Immer mehr stehen auf und sagen, dass diese Konventionen Unsinn sind und sie machen nicht mehr mit. Viele verstehen schon, dass sich etwas ändern muss.

DER ISLAM

Der Islam ist eine monotheistische Religion, die im 7. Jahrhundert nach Christus durch den Propheten Mohammed gestiftet wurde. Mit über 1,7 Milliarden Anhängern ist sie nach dem Christentum die zweitgrößte Religion dieser Erde.

Sie ist Gotteslehre, Lehre der Moral und Gesetz in einem. Ergänzt wird sie durch die SUNNA, dem vorgelebten Beispiel des Propheten. Der Koran ist die schriftliche Offenbarung des Islam. Unter wissenschaftlichen Gesichtspunkten untersucht, enthält er Botschaften, die vor rund 1400 Jahren noch völlig unbekannt waren und deshalb nicht von einer menschlichen Quelle herstammen können. Seine Weisheiten beinhalten sowohl Erklärungen über die Entstehung des Universums, über die Eroberung des Weltraumes durch den Menschen, als auch die Zeugung und Entwicklung des Menschen in der Gebärmutter.

Die fünf Säulen des Islam sind
1 Schahāda (islamisches Glaubensbekenntnis) 2 Salāt (Pflichtgebet)
3 Zakāt (Armensteuer)
4 Saum (Fasten im Ramadan)
5 Haddsch (Pilgerfahrt nach Mekka)

Das GEBET steht an erster Stelle. Fünfmal täglich sollte gebetet werden. Zuvor muss man sich mit Wasser reinigen. Es ist nicht vorgeschrieben, dafür in einer

Moschee zu sein. Gebetet kann überall werden.
Im Koran wird oft die ARMENSTEUER erwähnt. Sie

bedeutet, dass die Reichen den Armen von ihrem Überfluss abgeben müssen.

Im Fastenmonat „RAMADAN“ wird von 3 Uhr morgens bis 21 Uhr abends nichts gegessen und getrunken, sowie auch sexuell enthaltsam gelebt. Dies soll Körper und Geist reinigen und das Zusammengehörigkeitsgefühl der Muslime stärken.

Im Islam bilden Individuum und Gesellschaft, Religion und Politik, Gesetz und Moral eine Einheit. Der Muslim - ob Mann oder Frau - ist gegenüber sich selbst und seiner Gemeinschaft verantwortlich. Es ist ihm von Gott auferlegt, Gutes zu tun und Negatives von sich zu weisen.

Nach seinem Tod wird er, wie auch im christlichen Glauben, von Gott zur Rechenschaft für sein Tun auf Erden gezogen. Je nachdem endet sein Leben im Paradies oder in der Hölle.

Anders als im Christentum gibt es hier keine ERBSÜNDE. Jeder Mensch kommt vollkommen und unschuldig zur Welt.

Einmal im Jahr versammeln sich Millionen von Muslime in der ganzen Welt zu einer PILGERFAHRT nach Mekka. Im Tal von Arafat wird sinnbildlich der Satan gesteinigt.
Der DSCHIHAD bedeutet Anstrengung und Bemühung und wird fälschlicherweise oft mit dem „heiligen Krieg“

in Zusammenhang gebracht, der im islamischen Sprachgebrauch jedoch gar nicht vorkommt.

Der KORAN ist in arabischer Sprache geschrieben. Es gibt zwar afghanische Ausgaben, die sind jedoch übersetzt worden und manchmal scheint es, als ob die Menschen zum Selbstzweck einiges verändert haben.

Ich selbst spreche mittlerweile 5 Sprachen: Dari, Pashtu (afghanische Sprache), Urdu (Indien und Pakistan), Englisch und jetzt auch Deutsch.

Die meisten Männer haben nicht viel Information von der eigentlichen Bedeutung des islamischen Glaubens, waren nicht in der Schule, und kennen den Koran gar nicht.
Sie behaupten zwar, sie könnten ihn lesen, aber sie wissen nicht, was er bedeutet.

Die Leute glauben, dass im Koran ganz fürchterliche Dinge stehen. Von Frauen, die unterdrückt werden müssen, sogar Eigentum ihrer Männer sind. Von Verbrechen und Morden, die unter bestimmten Voraussetzungen toleriert, ja sogar angebracht sind.

Hier im Westen glauben viele Menschen, dass Muslime und Koranglàubige grundsätzlich Extreme verfolgen, die die Menschenwürde mit Füßen treten.

Ich bin jedoch davon überzeugt, dass der Islam Frieden und Liebe vermitteln soll.

Das Streben nach Wissen ist eine Pflicht für jeden Muslim, gleichermaßen für Männer und Frauen.

Die Tradition verlangt, dass Mädchen ab der Pubertät sozusagen im Haus eingesperrt werden Es soll damit garantiert werden, dass sie zwischen 16 und 20 jungfräulich in die Ehe gehen. Außerdem ist eine ungebildete Frau leichter zu zähmen.

SEHNSUCHT

Es gibt vieles, wonach ich mich sehne, seit ich fern meiner Heimat bin.

Ich hatte eine Freundin in Afghanistan, wir waren mehrmals gemeinsam essen, aber meine Familie weiß davon gar nichts.

Wenn meine Eltern dies wüssten, dann gäbe es auch ein Problem für mich.

Meine Freundin hatte ihrer Familie ebenso verschwiegen, dass es mich gibt. Sie sollten nicht wissen, dass wir bereits alleine spazieren gegangen sind und heimlich Zeit miteinander verbachten.

In der Zwischenzeit gibt es viele Leute, die arbeiten, in die Schule gehen, sich bilden, aber vorher ging das nicht. Fatima, so heißt meine Freundin, besuchte die Schule. Sie ist tatsächlich genauso gebildet wie ich.

Ich vermisse sie.

Ich bin hier in Österreich und sie in Afghanistan. Es geht ihr ganz gut, ich hoffe, sie ist nicht in Gefahr. Wir sprechen nur über das Handy gemeinsam. Sie fragt mich immer, wann wir uns wiedersehen werden. Und ich kann ihr darauf keine Antwort geben. Vor einer Woche habe ich einen negativen Asylbescheid bekommen. Ich konnte Berufung einlegen und warte auf das zweite Interview. Doch ich kann ihr nicht sagen, wie es weitergeht. Ich kann nicht nach Afghanistan kommen, denn man würde mich sofort umbringen. Ich fürchte, dass sie nicht mehr

lange auf mich warten wird. Eines Tages wird sie anrufen und sich verabschieden.

Ich fürchte mich sehr vor diesem Tag.

Sie wird sich einen anderen Mann suchen, das ist ihr gutes Recht. Das ist auch wie hier. Wie lange soll sie warten? Ich verstehe sie. Ich will, dass es ihr gut geht. Aber es tut weh, sie einfach loszulassen.

Ja, ich bin sehr traurig. Ich habe meine ganze Familie zurücklassen müssen. Ich habe meinen Bruder ins Grab gebracht und ich sehe meine kleine Schwester nicht mehr. Und auch, wenn es unter all den verheerenden Umständen seltsam anmuten mag: ich vermisse mein Auto. Ich vermisse es, einfach damit wegfahren zu können. Irgendwohin. Mein Führerschein gilt hier in Österreich nicht. Wenn ich hierbleiben darf, muss ich irgendwann noch einmal eine Prüfung machen.

Ich vermisse meine Freunde. Ich hatte vor meiner Arbeit für die amerikanische Armee so viel Spaß mit ihnen. Mein schönes Heimatland, das alles fehlt mir sehr.

Es gibt hier für mich fast nichts zu tun, ich habe keine Beschäftigung. Ich darf nicht arbeiten. Manchmal dürfen wir einer Familie bei der Gartenarbeit helfen. Als Gegenleistung dafür helfen sie uns, indem sie für uns

Einkaufen fahren.

Da ich mittlerweile sehr gut Deutsch spreche, werde ich gelegentlich über die Diakonie eingeladen, für andere afghanische Familien bei Ärzten oder Ämtern zu übersetzen. Ich mache das von Herzen gerne und es gibt mir Selbstvertrauen.

Ich hatte in Afghanistan alle paar Monate Migräne. Seit ich hier bin, habe ich oft dreimal pro Woche Migräneattacken.
Ich denke ständig nach, mache mir Tag und Nacht Sorgen.

Jeden Moment könnte meiner Familie etwas zustoßen. Fast jede Nacht träume ich von meiner Arbeit mit den Amerikanern. Ich sehe immer wieder meine besten Freunde vor mir, die vor meinen Augen getötet wurden. Im Traum sammle ich wieder alle toten Menschen ein. Wie damals in der Realität.

Meine kleine Schwester ist jetzt 14.
Sie fragt immer, wann ich zurückkomme und sie geht nicht in die Schule. Das ist wegen mir. Weil sie Angst hat. Meine ganze Familie wird wegen mir bedroht.

Sie wurde vor einem halben Jahr von den radikalislamischen Gruppen attackiert. Es wurde ihr mit einem Spray Säure ins Gesicht gesprüht. Sie war danach drei Tage im Spital.

Nach dem Angriff wurde mein Vater angerufen. Der Anrufer erklärte ihm, dass sein Sohn - ich - wieder zurückkommen müsste, dann würden sie mit dem

Terror aufhören.

Viel zu lange haben wir solche Drohungen nicht ernst genommen. Ich konnte nicht glauben, dass mein Leben eine derartige Bedeutung für die Terroristen haben konnte. Bis zum Mai 2015. Erst zu diesem Zeitpunkt wurde uns allen die Tragweite bewusst.

Im Mai 2015 haben sie meinen Bruder getötet.

Sie haben meinen Bruder mitgenommen, doch sie wollten eigentlich mich.

Als meine Schwester sagte, dass alles wegen mir passiert sei und ich der Familie Unglück gebracht hätte, machte mich das sehr traurig.

Und so blieb mir nur eine Möglichkeit: die Flucht.
Ich hatte mich entschieden, alles, was ich liebe, zu verlassen.

Ich habe mit der amerikanischen Armee gegen den Terror gearbeitet. Ich wusste zwar, dass es ein Fehler war, dass meine Familie damit nicht einverstanden sein würde, doch mir war nicht bewusst, dass diese Entscheidung so viele Probleme nach sich ziehen würde.

Hätte ich damals gewusst, was ich heute weiß, wäre ich niemals für die Armee tätig geworden.

ARBEIT

Nach zehn Schuljahren habe ich meine Matura gemacht. Ich war 17 Jahre alt und wollte gerne weiter studieren.

Leider konnte ich das nicht, denn mein Vater war zwei Jahre zuvor schwer erkrankt. Er konnte seine Beine nicht mehr bewegen und nur mehr im Bett liegen. So etwas wie einen Rollstuhl hatten wir nicht. Er konnte also nicht arbeiten und somit kein Geld für die Familie verdienen.

Mein um drei Jahre älterer Bruder Farad hatte damals zwar eine Anstellung, jedoch verdiente er viel zu wenig, um die ganze Familie zu erhalten. Er war Analphabet und half meinem Vater im Geschäft.
Wir konnten uns die Ärzte und die zusätzlichen Kosten nicht leisten.
So musste ich im Jahre 2010 Arbeit finden. Es war eine schwierige Zeit.

Ein guter Freund hatte mir davon erzählt, dass ich Beschäftigung bei der amerikanischen Armee als Übersetzer finden konnte, da mein Englisch sehr gut war.
Ich musste nur eine Aufnahmeprüfung in einem Camp bestehen.

Alles was entscheidend war, waren meine englischen Sprachkenntnisse.

Ich habe also die Prüfung bestanden, nach drei Tagen bekam ich Bescheid.

Mit 17 weiteren Dolmetschern sind wir dann einen ganzen Tag und eine Nacht ins Camp nach Helmand geflogen. Das wurde uns alles bezahlt.

Helmand ist eines von 34 Bundesländern in Afghanistan. Es grenzt an Pakistan.

Ich habe bei den Marines gearbeitet. Man kann sich im Film „Battle of Marjah“ ansehen, wo und wie ich gearbeitet habe. So kann man sich ein Bild davon machen.

Meiner Familie erzählte ich nichts davon. Nicht von dem Job, nichts von dem Ort, an den ich ging. Ich erzählte meiner Familie, dass ich nach Norden zu einer Arbeit fliegen würde. Aber ich flog eigentlich nach Süden.

Meinem Cousin, dem ich vertraut hatte, habe ich allerdings die Wahrheit gesagt, denn eigentlich war ich mir sicher, dass mir etwas zustoßen würde.

Ich wusste, meine Arbeit würde sehr gefährlich werden, denn dieser Ort war damals unter der Kontrolle der Terrorgruppen.
Mein Cousin konnte jedoch das Geheimnis nicht für sich behalten.

Als ich zwei Stunden nach meiner Ankunft meine Eltern angerufen habe, um ihnen zu berichten, ich wäre jetzt im Norden angekommen, wusste mein Vater bereits Bescheid.
Er sagte erst einmal gar nichts, dann schimpfte er los.
Er sagte viele schlimme Dinge.
Ich wollte ihn beruhigen und log, dass meine Tätigkeit überhaupt nicht gefährlich sei. Ich erzählte, dass ich immer nur im Camp bleiben und nicht nach draußen gehen würde.

Ich musste das durchziehen. Und es war nicht einfach für mich, meine Familie zu belügen, doch ich wollte nicht, dass sie sich Sorgen machen um mich.

Ich konnte meinen Vater nicht mit dieser furchtbaren Krankheit im Zimmer liegen sehen. Niemand konnte ihm helfen, weil es am nötigen Geld fehlte. Ich musste diesen Weg gehen, auch wenn es sehr hart für mich war.

Wir waren zuerst im Camp Bashon. Danach sind wir nach Gramser geflogen. Da war ein sehr großes Camp für die amerikanischen Soldaten. Von dort sind wir in einer Karawane von 12 Autos nach Marjah gefahren.

Ich trug Soldatenuniform wie die anderen, doch ich durfte keine Waffe tragen und natürlich auch keine benutzen. Und ich bin darüber sehr erleichtert gewesen, denn ich wollte das auch nicht.
Ich selbst habe nicht gekämpft. Niemals.

Vom ersten Tag an wurden wir von den Terroristen beobachtet, sie warteten bereits auf uns.

Schon da haben sie angefangen, auf uns zu schießen. Das Gefecht dauerte etwa sechs Stunden, wo wir drei Amerikaner verloren haben. Drei waren verletzt. Danach kamen die Hubschrauber und die Gegner flohen.

Dann sind wir wieder zurück zum Camp gefahren, um die Verletzten versorgen zu lassen.
Wir sind dann 15 Tage im Camp geblieben.
Die Soldaten weinten um ihre verlorenen Freunde. Ich weinte natürlich auch mit, obwohl ich die Menschen noch kaum kennengelernt hatte.

Dann begann die nächste Mission in Marjah. Wir konnten eine Nacht schlafen. Am nächsten Tag begann die Suche nach Bomben.

Ich hatte einen Kollegen, sein Name ist Weis. Ich habe ihn bereits in Kabul kennengelernt. Gemeinsam starteten wir unseren Dienst bei der Armee.

Weis ist in meinem Alter und ein guter Mensch. Und auch lustig. Wir hatten auch unseren einmonatigen Urlaub miteinander verbracht. Er sollte in diesen Jahren an der Front für mich zu einem besonders wertvollen Freund werden.

Ich war im Bombensuchteam eingeteilt. Weis war in einem anderen Team. Er war ca. 80 km weit von mir entfernt. So verloren wir uns immer wieder für kürzere oder längere Zeit aus den Augen.

Jeden Tag suchten wir nach Bodenminen.

Diese Arbeit war sehr gefährlich. Ich bin fünfmal in einen Bombenangriff geraten, wobei ich einmal am Arm und am Fuß auch verletzt wurde. Manche Bomben sind unter den fahrenden Autos detoniert. Dabei hatte man Glück, in amerikanischen Autos sitzen zu können, denn diese Modelle sind sehr gut gebaut und sicherheitstechnisch auf einem hohen Niveau.

Mit einem Bombensuchauto spürten wir diese auf. Dieses Auto führte alle anderen Autos in der Karawane an.

Ich weiß nicht genau, wie diese Technik heißt, oder wie dieses Gerät aussieht, mit dem man diese Bomben unter der Erde aufspüren konnte. Wir durften das nicht sehen.

Die Amerikaner waren technisch sehr gut ausgerüstet. Sie hatten Infrarotkameras und ganz viel technischen Firlefanz, um den Feind aufzuspüren.

Wir haben fünf Bomben gefunden.
Nach acht Stunden wollten wir zurück zum Camp fahren. Ich war mit dem Gruppenkommandanten im Auto.
Die Rückfahrt verlief leider nicht ohne Turbulenzen.

Trotz der ausgefuchsten Technik wurde eine besonders große Bombe nicht entdeckt. Das Suchauto war also einfach darüber hinweg gefahren.
Die Bombe explodierte genau unter unserem Auto.

Dumm war, dass ich als einziger keinen Helm auf dem Kopf trug. Das war nicht gut für mich.
Die Bombe dürfte sehr groß gewesen sein.
Mein Kopf und mein Genick waren geprellt.

Ich war bewusstlos geworden. Und ein paar andere Mitfahrer auch.

Der Fahrer brach sich bei der Detonation das Genick. Er war sofort tot.

Um halb zehn Vormittag wurde ich getroffen, ich war jedoch kaum verletzt. Und erst um halb eins in der Nacht bin ich im Krankenhaus aufgewacht.
Der erste Impuls war, dass ich nach meinen Körperteilen gesehen habe, denn ich rechnete damit, dass etwas fehlte. Zum Glück war noch alles da.

Ich hatte einen Cousin, der wurde auch von einer Bombe getroffen, und er hatte beide Beine und einen Arm dabei verloren.

Die Ärzte waren sehr nett und beruhigten mich. Ich konnte also wieder vollständig genesen.

Die ersten Wochen waren die Hölle für mich. Ich konnte es kaum ertragen, mitanzusehen, wie Menschen sterben und verletzt wurden. Die Angst im Nacken war ständig präsent und ich wollte eigentlich nur nach Hause zurück. Die Kollegen hielten mich jedoch an, noch ein wenig auszuhalten. Es würde leichter werden. Ich weiß nicht, ob es wirklich leichter wurde. Doch ich wurde stärker, bekam eine dickere Haut. Nach zwei Monaten hatte ich mich tatsächlich damit abgefunden. So konnte ich meine Arbeit durchstehen.

WEIS

Mir war klar, dass es nicht erwünscht war, wenn ein Moslem für die Amerikaner oder sonst irgendwelche Andersgläubigen arbeiten würde.
Ich war damals dennoch stolz auf meine Arbeit.

Auch wenn ich mitten im Krieg unter Soldaten gearbeitet hatte, war meine Absicht dahinter immer, Menschen zu helfen. Wenn jemand verletzt war oder jemand Hilfe brauchte, musste ich übersetzen.

Ich wollte Weis wiedersehen, doch wir sahen uns erst ein halbes Jahr nach unserem Eintritt in die Armee wieder. Die Freude, als wir uns wiedersahen, sollte bald durch tragische Ereignisse überschattet werden.

Ich erinnere mich gut an diesen einen Tag, wo es sehr neblig und trüb war. Bei so einem Wetter können die Hubschrauber nicht fliegen, da die Sicht zu schlecht ist. Die Terroristen benutzten besonders diese Tage für Anschläge.

Wir waren weit weg vom Camp. Wir sind da also mit ein paar Soldaten draußen gewesen. Mit uns waren auch zwei Soldatinnen unterwegs. Die radikalen Truppen hatten uns eingekreist. Sie waren zwar weit weg, aber sie waren da. Wir wussten das, und wir hatten Angst.

Weis war etwa 100 Meter von mir in einem Krater versteckt. Auch wir gingen in Deckung, wir wussten, wir würden erschossen werden, sobald wir unsere Köpfe hoben. Auch unsere Munition ging langsam zur Neige, denn der Kampf hatte schon viele Stunden gedauert.

Panische Angst kam über uns, die Angst davor, von den radikalislamischen Gruppen verschleppt zu werden. Die Art und Weise, wie diese Menschen töten, ist einfach nur grauenhaft. Lieber hätten wir uns selbst getötet.
Sie foltern einen zu Tode. Sie grillen die Menschen, sie schlitzen sie auf, enthaupten sie.

Speziell für Dolmetscher gib es besondere Behandlungen. Diese Methode ist ganz berühmt. Dafür wird ein besonders starker, dünner Faden verwendet. Dieser wird um den Hals des Mannes gelegt und von zwei Terroristen festgezogen. Ganz langsam. „Mutchitar" heißt dieser Faden.

Wenn du einen Dolmetscher fragst: „Was ist Mutchitar?", dann weiß er sofort, was gemeint ist.

Ein weiteres Problem für uns war, dass sie Videos von der Tötung machen, diese dann auf dem Markt verkaufen und den Familien schicken.

Wir haben in diesen Situationen oftmals daran gedacht, uns selbst das Leben zu nehmen.

Ein anderer Kollege und lieber Freund von mir trug immer fünf Patronen extra bei sich. Ich frug ihn einmal, wofür diese Patronen nötig waren.

Er antwortete mir: „Wenn die Terroristen kommen, dann sind drei Patronen für dich und zwei sind für mich! Zuerst würde ich Dich erschießen, dann mich selbst. Ich

will das nicht, dass die Dich festnehmen und Deine Familie noch unglücklicher machen."
Ich war sehr überrascht.

Weis schrie mir zu: „Ich komme zu dir!"
Ich schrie zurück: „Bleib dort, das ist zu gefährlich! Sie werden dich erschießen!"

Er wollte mich beschützen und hörte nicht auf mich. So ist er aus seinem Versteck gelaufen, dabei wurde er zweimal ins Bein getroffen. Ich lief zu ihm, aber die Patronen, die mich treffen sollten, verfehlten mich und landeten blind im Feld.

Ich warf mich zu ihm auf den Boden. Zum Glück hatte ich ein Notfallpaket bei mir und so konnte ich ihm das blutende Bein abbinden.

Weitere vier Menschen aus unseren Reihen waren jetzt ebenso verletzt. Die hätten dringend einen Arzt gebraucht.

Der Nebel hatte sich ein wenig gelichtet, aber es war dennoch zu riskant für einen Rettungsflug.

Wir nahmen Kontakt auf: „Wir brauchen einen Hubschrauber, wir haben hier vier schwerverletzte Männer."

Die Überraschung war groß, als trotz dichten Nebels ein Helikopter angeflogen kam, um uns zu helfen. Von oben wurden rings um unseren Aufenthaltsort Bomben abgeworfen, damit die radikalislamistischen Gruppen unschädlich gemacht werden konnten.

Für drei andere Männer kam jede Hilfe zu spät, sie verstarben noch am Feld. Weis hatte es jedoch geschafft.

Das war einer von den schrecklichsten Tagen meiner Arbeit. Wir alle weinten und haben geschrien vor Wut auf diese Mörder. Verzweiflung machte sich breit. Ich war sicher, ich würde mein Zuhause nie wiedersehen.

Weis war für etwa einen Monat im Krankenhaus geblieben. Danach war er zwei Monate zuhause in Kabul.
Er wurde nach seiner Erholung wieder ins Camp nach Helmand geschickt.

Seine Arbeit war besonders gefährlich. Er war jeden Tag etwa 10 Stunden zu Fuß draußen auf dem Schlachtfeld unterwegs.

Leider habe ich keinen Kontakt mehr zu ihm, ich glaube, er befindet sich zurzeit in Amerika. Ich hoffe, dass er am Leben ist, denn er ist eine starke Persönlichkeit, ich bin guter Dinge. Vor einem Jahr konnten wir kurz telefonieren. Danach habe ich nichts mehr von ihm gehört.

Weis ist ein ganz besonderer Mensch für mich geworden. Er hatte sein Leben für mich riskiert.
Irgendwann werde ich mich auf die Suche nach ihm machen. Ich werde ihn finden, das weiß ich.

EIN KLEINER JUNGE

Die Sirenen heulten wieder einmal.

Es war etwa 2 Uhr morgens, als wir eine Meldung bekamen, dass ein kleiner Junge, beladen mit Sprengstoff, auf dem Weg in unser Camp war.

Alle fingen an kreuz und quer herumzulaufen, Panik machte sich breit. Ich konnte nur zusehen, wie die Soldaten alles auf eine sich anbahnende Katastrophe vorbereiteten.

Ein Spion hatte herausgefunden, dass der Bub jeden Augenblick im Camp auftauchen würde, um sich selbst und uns in die Luft zu jagen.

Ich musste aufmerksam sein, denn man brauchte mich in diesen Situationen ganz besonders. Als afghanischer Dolmetscher war ich der einzige, der mit diesem Kind sprechen konnte.

Nach etwa einer Stunde sah ich ein kleines Kind, das sich ganz langsam auf den Weg zu uns machte.

Als der Junge etwa 50 Meter entfernt war, wiesen die Amerikaner mich an, das Kind durch Zurufe zu stoppen und ihm zu sagen, dass wir ihm helfen würden. Der Kleine war beladen mit einer Menge Munition, darum konnte er nur ganz langsam gehen, die Ladung war sehr schwer für ihn.

Ich sagte ihm: „Bleib stehen, geh nicht weiter!“, doch er reagierte nicht auf meine Worte und setzte weiterhin einen Fuß vor den anderen. Ich vermute, dass die Terroristen ihm irgendwelche Drogen gegeben hatten, er war absolut nicht ansprechbar.

Wir alle redeten auf ihn ein und schrien... er nahm davon keinerlei Notiz.

So kam er immer näher und näher. Ich hatte Angst. Wir alle hatten Angst, denn jede Sekunde konnte die Bombe hochgehen.

Es musste eine Entscheidung getroffen werden.

Die Amerikaner wollten ihn erschießen. Ich wollte das auf gar keinen Fall und machte dies lautstark deutlich.

Auf keinen Fall durfte ein Kind sterben!

Da ich jedoch wusste, wie ernst die Lage war, sagte ich den Soldaten, dass sie ihm vor die Füße schießen sollen. Vielleicht würde ihn das „aufwecken“.

Sie hielten mich für naiv, weil ich das gesagt hatte, doch sie waren dann doch einverstanden.

Sie haben ihm also vor die Füße geschossen. Trotz dieses Warnschusses hat er nicht gestoppt. Er war wie „high“. Nun wollten sie ihn definitiv erschießen, denn er war schon sehr nahe herangekommen. Wir haben verhandelt, sogar gestritten, weil ich mich dagegen auflehnte, ein Kind zu erschießen.

So haben die Soldaten entschieden, den Jungen in den Fuß zu schießen.

Das war eine enorm schwierige Entscheidung für mich gewesen. Doch wir hatten irgendwie zu reagieren.
Wir mussten auch den Jungen retten.

Das Kind wurde also in die Füße geschossen. Der Kleine fiel endlich um und konnte so gestoppt werden. Wir hatten eine Person, die ganz schnell die Munition entschärfen und entfernen konnte. Dieser Mann entdeckte dann auch, dass „Remote Control", die Fernbedienung für die vielen Sprengkörper, nicht bei dem Kind war. Das Attentat wäre also von weit weg gesteuert worden. Der EOD Officer hat also die „Munitionsjacke" entschärft.

Wir hatten das verletzte Kind dann schnell in das Spital gebracht. Fünf Tage wurde er dort versorgt.

Weil wir wissen wollten, wie es ihm nun geht und wie es zu dem Attentat gekommen war, besuchten wir ihn.
Der Junge sagte: „Wo bin ich? Wo sind meine Eltern?"
Ich habe übersetzt.

Wir konnten die Familie auskundschaften, die dann auch sogleich ins Spital kam.

Der Junge war von den radikalen Islamisten entführt und in eine Moschee gebracht worden.
Die Menschen dort hatten ihm im Namen Allahs den Auftrag gegeben, mit einem „besonders wichtigen Rucksack" zu den Amerikanern zu gehen. „Sie werden

Dir Geld, Schuhe und Kleidung geben dafür, dann kommst Du wieder zu uns zurück!"

Der Junge wusste natürlich überhaupt nichts von den wahren Hintergründen. Nicht, dass er Bomben am Körper tragen würde. Nicht dass er selbst sterben, nicht dass er viele Menschen töten sollte.

So sah er uns verdutzt an, als wir ihm von den wahren Hintergründen berichten wollten und sagte: „Ich wollte Schuhe und Kleidung haben und ihr habt mich einfach angeschossen. Warum habt ihr das gemacht?"

Vorsichtig erklärte ich dem Kind, dass er Opfer der skrupellosen Terroristen gewesen war. Er war total verunsichert, glaubte immer noch, dass er etwas dahin zurückbringen musste, doch ich sagte ihm: „Du musst die Dinge nicht wieder zurückbringen! Es ist alles gut jetzt!"

Wir wollten das Kind vorerst nicht zurück zu seiner Familie schicken. Für 20 Tage sollte es zu seinem Schutz noch hier bei uns bleiben.

Die Eltern weinten, denn sie wollten ihn bei sich haben, sie konnten es nicht verstehen. Guter Rat war teuer, denn sie alle waren in Gefahr, jetzt, wo der Anschlag misslungen war. Sie würden sich nur schützen können, wenn sie in eine andere Provinz umziehen würden.

Es war kein einfaches Unterfangen, die Eltern davon zu überzeugen, dass dieser Schritt, ihren Wohnort hinter sich zu lassen, unumgänglich sein würde, um ihr Kind zu schützen. Am Ende erklärten sie sich bereit, zu übersiedeln.

Der Bub blieb also so lange bei uns, bis eine neue Unterkunft gefunden war. Als es soweit war, begleiteten wir ihn mit dem Flugzeug nach Hause. Mit eingepackt wurden auch Spielsachen, Schuhe, Kleidung und Geld.

Da wir wussten, dass er durch seine verletzten Füße noch eine Weile gehandikapt sein würde, haben wir ihm ein Fahrrad geschenkt. Damit konnte er sich schneller fortbewegen. Er freute sich riesig.

Das war die kleine Geschichte von einem kleinen unschuldigen Buben, der beinahe sein Leben verloren hätte. Sie rührt mich besonders, denn beinahe hätten die Soldaten mit einem gezielten Schuss in den Kopf sein Leben ausgelöscht. Sie waren mir im Nachhinein auch dankbar dafür, dass ich sie zurückgehalten hatte.

VOM SOHN, DER SEINE ELTERN SCHLUG

Ein 15jähriger Bub kam zu uns und erzählte uns, dass sein älterer Bruder die ganze Familie schlagen würde.

Sie wohnten einen halben Kilometer entfernt auf einem Hügel.
Die Amerikaner baten mich, sie zu der Familie zu begleiten, um zu sehen, was da los sei.
Wir haben den Bruder dann tatsächlich auf frischer Tat ertappt. Wir konnten sehen, dass der Junge die Wahrheit gesagt hatte.

Der große Bruder war etwa 25 Jahre alt. Wir riefen: STOPP.

Die afghanischen Soldaten regeln solche Konflikte ganz schlecht und sehr brutal. Ich wollte das so nicht machen. Ich sagte: „Das ist nicht gut. Geht weg! Wir regeln das!“ Sie ließen sich jedoch nicht abbringen. Es gab keine Chance.

Sie sagen zu den Eltern: „Setzt euch in die Ecke und seht uns zu, was wir machen!“
Dann wurde der Bruder vor den Augen der anderen gefesselt und mit dem Stock brutal geschlagen und getreten, sodass der junge Mann beteuerte, es nie wieder zu machen. Er entschuldigte sich bei seinen Eltern. Diese sahen zu und erklärten sich zu diesem

Prozedere bereit. Sie anerkannten dies als die gerechte Strafe, denn sie waren wirklich wütend. Das dauerte 30 Minuten. Der Mann war danach schwer verletzt und blutete aus dem Mund.

Danach sagten sie: „Geh und schlaf ab jetzt zu den Füßen deiner Eltern!“ Er musste die Füße seiner Eltern küssen und auf dem Boden schlafen. Und er tat das alles.

Wir gingen wieder weg.

Nach ca. 15 Tagen sahen wir den 15jährigen wieder und fragten ihn, wie es zuhause läuft. Und es war nun alles in Ordnung.

Auch wenn ich diese Situation sicher nicht mit Gewalt gelöst hätte, muss ich jedoch zugeben, dass diese Methode Wirkung gezeigt hatte.

DER SOLDAT, DER NICHT SCHIESSEN KONNTE

Ich hatte gerade 20 Tage mit meiner Familie verbracht. Es war ein schöner Urlaub gewesen, er hat mir gutgetan.

Dann bin ich wieder nach Kandahar, danach wieder ins Camp Basson, und wieder nach Marjah.
Es war ein neues Team mit uns unterwegs.

Sie hatten keine Erfahrung mit der afghanischen Bevölkerung und mit Krieg im Allgemeinen.

Ich sollte ihnen helfen und sie begleiten. Ich hatte mittlerweile schon viel Erfahrung. So unterrichtete ich sie ein wenig in der Landessprache „Dari“ und brachte ihnen die Kultur und Gebräuche nahe.

Wir sind nach Marjah gefahren. Gleich am ersten Tag gingen die Kämpfe wieder los.

Da war ein junger amerikanischer Soldat, ca. 23 Jahre alt. Die Terroristen eröffneten das Feuer und der Junge konnte nicht schießen, er hatte so große Angst. Wir sagten diesem jungen Mann, dass er jetzt schießen müsste, wenn er nicht selbst sterben möchte.

Wir schrien und befahlen ihm, endlich zu schießen.

Er konnte nicht. Er zitterte so sehr.
Vor lauter Angst hat er sich angepinkelt. Das war lächerlich. Was machte er da nur?
Ich war wütend auf ihn, weil er mental nicht stark genug für diesen Job war.

Ich konnte es zwar auch nicht, aber ich war ja auch kein Soldat.

Ich ging zum Kommandant und erzählte ihm von diesem Angsthasen.
Er holte ihn dann zu sich und erklärte ihm: „Du bist hier in einem Krieg! Wenn du nicht schießt, dann schießen die anderen. Wenn wir nicht schneller sind, dann nehmen die uns fest und foltern uns!"

Die Kämpfe dauerten ca. 3 Stunden und wir waren froh, dass wir dennoch an diesem Tag keine Verletzten und Toten hatten.

DAS ARMBAND

Ich erzähle jetzt die Geschichte von meinem besten Freund, einem afghanischen Soldaten. Sein Name war Jafar. Er war immer ein starker und hilfsbereiter Mensch gewesen.

Als er für 15 Tage Urlaub hatte, war er nach Kabul geflogen und heiratete dort seine große Liebe.

Ich glaube, das war ein Fehler. Solange man einen Job im Krieg hat, sollte man nicht heiraten.

Er ist danach wieder nach Helmand gekommen. Ich erinnere mich sehr deutlich daran, als wir gemeinsam frühstückten.

Plötzlich zog er ein Armband von seinem Handgelenk und zeigte es mir. Darauf war die afghanische Flagge zu sehen.
Er wollte es mir schenken.
„Khalid, nimm das Band als Geschenk an Dich! Und hebe es gut auf!"

Ich wollte es nicht annehmen, verstand nicht, warum er das tat.

Er forderte mich weiter auf: „Ich bitte Dich, nimm es!" Auch wenn mir das alles sehr seltsam vorkam, habe ich es dann doch angenommen. Sogleich band ich es mir ans Handgelenk.

Wir hatten am selben Tag einen gemeinsamen Auftrag, eine Mission draußen zu erfüllen.

Die afghanischen Soldaten haben keine starken Autos, sie sind nicht sehr sicher. Wir mussten rausfahren. Mein Freund war in einem der Autos vor mir.
Nach etwa elf Kilometern gab es eine Bombenexplosion. Und diese schlug vor uns in ein Auto ein.

In diesem Auto waren ca. 6 Leute. Und ich war im letzten Auto. Dort habe ich meinen Kollegen gefragt, welches Auto getroffen wurde.

Sie meinten, es wäre das Auto mit Jafar.
Ich wurde panisch und wollte rausspringen, doch sie hielten mich fest. Ich weinte und schrie. Ich war verzweifelt.

Danach brauchten sie die Dolmetscher draußen. Ich stieg also aus und habe niemanden mehr gesehen.

Ich sah kleinere Autoteile herumliegen, aber keine Menschenseele.

Beim näheren Betrachten erkannte ich zig Fleischteile, Knochen und Körperteile. Ich war aufgeregt, denn ich suchte Jafar.
Aber ich konnte ihn nirgends finden.

Ein Teil meiner Tätigkeit bestand ja auch darin, die sterblichen Überreste der Opfer mit meinen Händen einzusammeln. Das musste ich machen. Ich konnte diese Dinge kaum ansehen, mich nicht an den Tod und seine vielen Gesichter gewöhnen.

Sogar auf den Bäumen hingen Menschenteile.

Am Ende fand ich meinen Freund, besser gesagt, das, was von ihm übriggeblieben war. Etwa 150 Meter weiter habe ich seinen Kopf identifiziert.

Auch diesen „Teil“ habe ich geborgen. Das hat mich sehr tief getroffen. Ich sah das Armband an meinem Handgelenk und war wie gelähmt vor Schmerz.

Er hatte so vielen Menschen geholfen und er war wirklich ein lieber Mensch gewesen. Warum er? Warum so?

Heute kann ich mir gar nicht mehr vorstellen, wie ich das ausgehalten habe. Ich habe geschrien und geschluchzt und die anderen Soldaten waren auch verrückt geworden. Sie schossen wild um sich vor lauter Wut.

Wir haben die Verantwortlichen nicht gefunden. Sie machten das offensichtlich mit einer Fernsteuerung.

Der Schmerz darüber hat niemals aufgehört.
Ich hatte die Nummer von seiner Familie, doch ich war nicht befugt, ihnen die Todesnachricht zu überbringen.

So wurde Jafars Kopf mit anderen Körperteilen in einen Sarg gelegt. Darauf wurde ein Foto von ihm angebracht.

Der Sarg wurde nach Kabul zu seiner Familie geflogen,

damit sie ihn beerdigen konnten.

Ich war nicht dabei, ich weiß nicht, wie die Familie reagiert hat.

Nach ein paar Tagen habe ich seine Familie angerufen, um mein Mitgefühl auszudrücken.

Auch mit seiner Frau habe ich gesprochen.
Sie konnten alle nicht gut sprechen, so traurig waren sie.

Es war mein bester Freund gewesen. Ich habe in Kabul in meinem Laptop ein Foto von ihm und mir. Leider nicht hier bei mir.

Das war meine Arbeit. Manchmal übersetzte ich, manchmal sammelte ich Körperteile ein, manchmal weinte ich.
Doch ich lachte nicht mehr.

BLUT UND WAHNSINN

Wir waren im Camp. Es war zu diesem Zeitpunkt gerade RAMADAN und wir saßen gemeinsam beim Essen. Vor Sonnenaufgang und nach Sonnenuntergang kann man essen und trinken. Das nennt man Fastenbrechen. Ansonsten hält man sich vier Wochen lang von früh bis spät an das Verbot zu essen, zu trinken, zu rauchen, zu feiern, zu schwimmen und Sex zu haben.

RAMADAN
Auch „der heiße Monat“ genannt, ist der Fastenmonat der Muslime und neunter Monat des islamischen Mondkalenders.

Diese Phase des Rückzugs wurde von Feinden gerne genutzt, um Anschläge vorzubereiten. So gab es auch in diesem Jahr wieder ein Selbstmordattentat in einem Camp in der Nähe. Am Abend saßen etwa 30 afghanische Männer beisammen und die Terrorgruppen haben diese Zeit ausgenutzt. Ein Mann war mit Getränken und Lebensmitteln hinzugekommen und er gab vor, in friedlicher Eintracht mit ihnen das Mahl teilen zu wollen.

Sie hatten ihm vertraut.

Doch genau dieser Mann spielte ein böses Spiel. Genau dieser Mann hatte das Attentat verübt.

Dabei wurden wieder einmal viele Menschen sinnlos

getötet.
Die Verletzten wurden zu uns gebracht. Es war auch für mich eine schwierige Zeit. Mit zwei anderen Dolmetschern haben wir die Verletzten aus den Rettungsautos geholt. Ich habe viele schlimme Verletzungen gesehen: Menschen ohne Hände, ohne Bein, ohne Körper, halber Körper, völlig verstümmelte Menschen, deren Eingeweide teilweise nach außen traten. Und so viel Blut!
Zerstörte Gesichter. Wir konnten zwar nicht mit den Verletzten sprechen, aber wir mussten dort sein. Wir haben viele Menschen dort verloren. Fast alle mussten ihr Leben geben.

Da waren auch Frauen und kleine Kinder. Die Schicksale der Kinder waren besonders schwer für mich zu ertragen.
Wenn ich das Zelt verließ, weil es mir zu viel wurde, reagierten die Ärzte böse auf mich.

Sie liefen mir nach und meinten: „Du musst hineingehen! Du musst das durchstehen, es ist dein Job!“

Ich erklärte, dass ich das alles nicht mehr sehen könne.
Sie zwangen mich dennoch.
Ich gestehe, es war mir alles zu viel.

An diesem Tag war zum Beispiel auch eine ganze Familie schwer verletzt worden. Ein Mann, eine Frau, zwei Söhne und eine Tochter.

Ob ich wollte oder nicht, ich musste überall dabei sein.
Da übersetzen und dort... ich war schwer beschäftigt.

Meine ganze Kleidung war voller Blut.
Ich wurde fast verrückt. Nach solch besonders tragischen Fällen konnte ich oft eine Woche lang nicht schlafen. Ich wusste nicht, wie ich es durchstehen würde. Doch ich stand es durch. Irgendwie.

Wir rauchten enorm viele Zigaretten, um uns einzunebeln.
Mein Kopf funktionierte in dieser Zeit nicht mehr.
Es schien, wir alle waren bereits verrückt geworden.

Die Stimmung wurde so schlecht, dass alle miteinander stritten.
Auch die Amis mit den Afghanen.

Ein afghanischer Soldat drehte nach diesem Angriff im Ramadan völlig durch. Er hatte ganz viel Haschisch geraucht und verlor völlig die Haltung.
Die Frau und das Kind dieser Familie waren gestorben und der Soldat war darüber so verbittert und erbost, dass er mit einer Waffe und tausenden Patronen nach draußen rannte. Er wollte sich an den Terroristen rächen. Er legte die Waffe auf die Mauer und schoss die ganze Zeit wahl- und ziellos herum.

Meine Kollegen und ich gerieten in Panik, weil wir nicht wussten, wie wir diesen Irrsinn stoppen sollten. Es sollte nicht noch mehr Tote und Verletzte geben. Es waren ohnehin schon viel zu viel.

Nach seinem Anfall gingen wir nach draußen und suchten nach seinen Opfern. Was wir entdeckten, war nicht schön, aber es beruhigte uns dennoch. Er hatte

viele Tiere erschossen, Schafe, Kamele, Hühner, Hunde, aber Gott sei Dank haben wir keinen verwundeten oder toten Menschen gefunden.
Um sicher zu gehen, weiteten wir die Suche noch aus. Nach einiger Entfernung haben wir dann doch eine Frau gefunden. Sie war am Knöchel verletzt worden. Wir halfen ihr, brachten sie zum Camp, wo sie verarztet werden konnte.

Danach haben wir diesen Soldaten im Camp festgehalten.

Er wurde für 10 Tage ins Gefängnis gesperrt. Er hätte nicht ohne Erlaubnis hinausgehen dürfen. Da er sich durchaus dafür interessierte, ob und wie viele Menschen er getötet hätte, meinten wir sein schlechtes Gewissen beruhigen zu können, als wir ihm erzählten, dass dieser Amoklauf keine menschlichen Todesopfer gefordert hatte. Umso schockierender fiel für uns sein Kommentar aus: „Ich werde es wieder machen. Ich werde die Kinder und Frauen rächen!“

Ein furchtbarer Job! Man braucht wirklich sehr starke Nerven, um nicht völlig überzuschnappen.
Ich selbst habe sehr viele Menschen sterben gesehen. Es gab so viele Bomben. Anfangs mussten wir Minen im Boden suchen. Es gibt selbst von den Russen noch Minen im Land.
Jeden Tag fanden wir zwei bis acht Stück.

Unzählige Menschen werden auch heute noch durch Minen und Splitterbomben verletzt. Nirgendwo auf der Welt gibt es so viele Träger von Prothesen wie in Afghanistan.

Einmal waren wir in einem neuen Camp Mit elf Autos waren wir unterwegs gewesen.
Durch die Bodenminen haben wir an diesem Tag alle elf Autos verloren.

Ich wurde auch verletzt. Wir konnten jedoch Kontakt aufnehmen. Es wurde niemand dabei getötet.

FARAD

Als ich im Mai 2015 für zwei Wochen beurlaubt wurde freute ich mich wahnsinnig auf meine Familie und darauf, endlich wieder etwas mit meinen Freunden unternehmen zu können.

Was mir nicht klar war: Die radikalislamischen Gruppierungen waren mir auf den Fersen. Irgendwie schien ich unter Beobachtung zu stehen, denn die Islamisten, für die einer wie ich ein Abtrünniger des muslimischen Glaubens ist, suchten präzise an meinem ersten Urlaubstag meine Familie heim. Besser gesagt, um elf Uhr nachts.

Sie suchten nach mir. Was sie nicht wussten war, dass ich in dieser Nacht mit meinen Freunden in der Stadt feierte. Sie hatten mich bereits zu Hause vermutet.

Die Leute von den Terroristen überfielen meine Familie

und nahmen meinen drei Jahre älteren Bruder mit. Danach riefen sie mich an und erklärten, wenn ich meinem Bruder helfen wolle, dann müsste ich mich schleunigst ausliefern.

Ich spürte, mit diesen Leuten war nicht zu spaßen. Ich kannte bereits die Abgründe, zu denen sie fähig waren, doch ich selbst nahm mich nicht so wichtig, um zu glauben, dass sie uns tatsächlich nach dem Leben trachteten.

Warum sollten sie uns etwas antun?

Natürlich hatte ich Todesangst. Auch um meinen Bruder. Was, wenn sie es doch bitterernst meinten? Wenn das alles doch kein Spielchen war?

Wenn ich nicht reagierte, töteten sie vielleicht ihn.

Versuche, meinen Bruder mit Geld freizukaufen, trafen völlig ins Leere. Sie bestanden darauf, dass ich mich ihnen persönlich zu stellen habe.

Alles war sinnlos. Sie gingen auf keinen meiner Vorschläge ein.
Natürlich wollte ich nicht, dass meinem Bruder etwas zustößt und so musste ich es darauf ankommen lassen. Ich kapitulierte. Auch wenn dies hieße, dass sie mich tatsächlich töten würden.

Ich liebte doch meinen Bruder. Mein Entschluss stand fest. Doch der Kampf in meinem Inneren war heftig. Und immer, wenn ich nicht mehr weiterwusste, erzählte ich meinem Cousin davon. Ich vertraute ihm voll und ganz und so berichtete ich ihm von meiner Entscheidung. Er reagierte mit Unverständnis: „Du machst das nicht! Wir regeln das irgendwie, wir werden ihn retten, irgendwie!“ Doch ich hatte ja bereits alles versucht. Mein Entschluss stand fest.

Leider konnte er dieses Geheimnis nicht für sich behalten. Er kontaktierte sofort meine Eltern.

Mit einer List sperrten sie mich in ein Zimmer und bewachten mich Tag und Nacht. Es gab für mich keine Möglichkeit, zu fliehen.

Einige Tage und Nächte hielten sie mich fest.
Dabei war ich so entschlossen gewesen. Es war einfach entsetzlich! Ich musste ständig an meinen armen Bruder denken und hoffte so sehr, dass er verschont bleiben würde.

Dann kam dieser Anruf von der Polizei: „Wir haben den Leichnam deines Bruders! Er kann bei uns in Kabul abgeholt werden.“

Oh Gott! Dieser Alptraum war Wirklichkeit geworden! Ich war wenige Wochen zuvor 23 Jahre alt geworden.

Wie sollte ich mit dieser Tatsache weiterleben, dass mein Bruder wegen meiner Schuld sterben musste?

Ich schaffte es nicht, dorthin zu fahren, um meinen toten Bruder abzuholen. Außerdem war es gefährlich, denn die Polizei dort hat auch Kontakt zu den radikalen Terroristen. Es hätte auch eine Falle sein können. Eine kleine Hoffnung war geblieben.

Doch es war keine Falle gewesen.

So holte meine Familie die leblosen und zerschundenen Überreste meines Bruders ab. Auf seinem Körper lag ein Zettel mit einer Nachricht an mich: „Du Ungläubiger! Denk einmal nach: wir haben deinen Bruder getötet, wir werden auch dich erwischen! Und wenn du nicht kommst, dann zerstören wir deine ganze Familie!“

Nach dieser Tragödie zogen meine Familie und ich das erste Mal in die Stadt um. Nichts würde jemals mehr diesen Schicksalsschlag erträglicher machen können.

Die Trauer war groß und die Angst vor der Zukunft ebenso.

Nachdem meine Familie verstanden hatte, dass ich allein der Grund war, dass es nur um meine Person gehen würde, hielt der Gedanke an die Möglichkeit einer Flucht bei uns Einzug. Er wurde nie wirklich ausgesprochen, doch er lag wie ein Damoklesschwert über uns. Ganz leise und doch bedrohlich und drängend. Hatte ich denn eine Wahl, wenn ich meine Familie vor Schlimmerem bewahren wollte?

Bereits im Jänner 2015 hatten die Drohungen der Terroristen begonnen, doch ich hatte sie nicht ernst genommen. Ich musste etwas unternehmen. Es lag an mir. Einzig und allein.

Auch wenn es mir das Herz brach, entschied ich mich dazu, meine Heimat, meine Familie und meine

Freundin zu verlassen.

Ich nahm Kontakt mit Schleppern auf und organisierte meine Flucht.

*Man gilt für die Islamisten als Verräter, wenn man mit oder für Menschen arbeitet, die einer anderen religiösen Gruppe angehören als dem Islam. Das bedeutet für solche Gruppierungen zwangsläufig, dass man ungläubig ist. Auf jeden Fall kein Muslim mehr. Ich bin jedoch nach wie vor bekennender Muslim und möchte es auch immer bleiben.

Wenn jemand kein Muslim ist, dann kann er nicht dortbleiben. Er wird gnadenlos umgebracht.

Sie sagen: Er hat gegen uns gekämpft, indem er mit den Amerikanern arbeitete, er darf nicht am Leben bleiben.

Ich war mir sicher, mit meiner Flucht würde man meine Familie in Ruhe lassen, doch es ist leider eingetreten, womit keiner von uns gerechnet hatte.

Meine ganze Familie wird weiterhin bedroht und terrorisiert. Sie benutzen sie gegen mich, erpressen sie und drohen ihnen.

Immer wieder werden meine Eltern angerufen. Die Terroristen haben meiner Familie versprochen, sie so lange zu beobachten und zu bedrohen, bis es allen zu viel wird und ich mich freiwillig stellen würde.

Sie haben nachts Handgranaten ins Haus geworfen. Am nächsten Tag riefen sie an und sagten: „Ja, wir waren das! Wir wissen immer, wo ihr seid und was ihr tut. Wir wollen euren Sohn haben. Sagt ihm das! Wir werden erst Ruhe geben, wenn wir ihn haben!“

Ich bin geflüchtet, weil ich nicht umgebracht werden und meine Familie retten wollte.

FLUCHT

Der Weg nach Europa ist wirklich schwer, das wusste ich bereits von zahlreichen Erzählungen. Folter und Vergewaltigungen, sowie kräftezehrende wochenlange Märsche bergauf – bergab bei jeder Witterung, ich wollte mir solche Qualen für meine alten Eltern und meine kleine Schwester einfach nicht vorstellen. Es war einfach zu gefährlich. Wenn ich irgendeinen guten Weg gesehen hätte, ich hätte sie so gerne mitgenommen.

Ich war einen Monat und fünfzehn Tage unterwegs bis nach Österreich.

Von Afghanistan in den Iran mit dem Flugzeug. Dann bin ich zu Fuß mit den Schleppern weitergegangen. Die Schlepper leiteten mich an. Ich war nicht ganz allein. Da waren auch noch andere Flüchtlinge. Wir wollten es in die Türkei schaffen und ohne Schlepper wäre das nicht gegangen.

Diese Leute verdienen sehr viel Geld mit uns Flüchtlingen.

Von Afghanistan bis Serbien war alles organisiert mit verschiedenen Männern, die Anweisungen gaben.

Die Fluchtkosten sind sehr unterschiedlich.

Für manche Leute kostet das 7.000,- , für andere 9.000,- Euro, mir kostete die Flucht mehr, da ich von Afghanistan in den Iran mit dem Flugzeug unterwegs war. Es musste schnell gehen. Mir kostete die Flucht 14.000 Euro.

Ich hatte durch meinen Job bei den Amerikanern sehr gut verdient. Jeden Monat an die 1000 Dollar. So konnte ich mir das für die Flucht nötige Geld zusammensparen. Und es war viel Geld für mich. Fünf Jahre hatte ich dort gearbeitet.

Ich musste schnell verschwinden, darum wurde es so kostspielig.

Nach der Ankunft im Iran begann der Fußmarsch in die Türkei. Wir marschierten und marschierten.

Es war zum Glück Sommer, aber die Nächte waren auch sehr kalt. Wir schliefen irgendwo am Weg. Im Freien. Auf dem Boden. Ich hatte keine Kleidung zum Wechseln, nur das, was ich am Leibe trug. Das Gepäck musste ganz leicht sein.
An der Grenze vom Iran in die Türkei wanderten wir die ganze Nacht hindurch.
Wir alle hatten große Angst. Wir hatten gehört, dass an der Grenze Leute waren, die uns erpressen würden, noch mehr Geld haben wollten und sogar die Familien anrufen würden, um noch mehr Geld zu fordern.

Wenn sie nichts erreichen können, brennen sie glühende Eisen in die Körper oder quälen die Menschen auf viele andere Arten. Wir haben solche Menschen zum Glück nicht getroffen. Sie hatten zwar versucht, uns mit Steinen zu bewerfen, haben aber nur die Autos getroffen. Sie wollten uns stoppen, da wir aber einen aufmerksamen Schlepper hatten, konnten wir entwischen.

An der Grenze zur Türkei begannen die ersten zu schwächeln. Auch bei mir ließen die Kräfte bereits nach.

Mit der Angst im Nacken ging ich, wie viele andere auch in Richtung einer ungewissen Zukunft, ohne überhaupt zu wissen, ob es eine Zukunft für mich geben würde.

Was erwartete uns in der Fremde noch alles? Wie würden wir zurechtkommen können mit so vielen fremden Menschen, deren Sprache wir nicht einmal verstanden? Ich hatte zwar durch meine sehr guten Englischkenntnisse einen Vorteil, doch war ich ein Bittsteller, ein Eindringling in einer fremden Kultur. Mir war klar, dass man solche Menschen wie mich nicht gerade willkommen heißen würde.

Doch erst einmal musste dieser Weg über die Grenze gemeistert werden.
Bereits hier begann ich die Erfahrung von echtem Durst zu machen. Schon zu diesem Zeitpunkt kam es mir vor, als würde alle Energie meinen Körper verlassen. Ich dachte, ich würde es nicht schaffen. Wir hatten kein Wasser mehr, keine Nahrung. Alle Reserven waren bei dem langen Marsch aufgebraucht worden.
Ich hatte noch zwei Packungen Schokolade bei mir.

Als wir die Grenze passiert hatten, entdeckte uns die Polizei. Die Beamten waren sehr roh und schlugen auf uns ein. Wir waren zu diesem Zeitpunkt elf Leute. Sie haben uns alle gepackt, uns festgenommen und konfiszierten unsere Pässe.

Am Grenzposten wurden wir verhört und sie hatten offensichtlich einen Heidenspaß daran, uns wehzutun.

Einem meiner Leidensgenossen haben sie mit den Schlagstöcken die Hand gebrochen, einem anderen das Bein. Auch ich wurde viel geschlagen.

Ich hatte ihnen erzählt, dass ich deshalb flüchten musste, weil ich für Amerika gearbeitet hatte. Es begann ein bizarres Spiel. Die Polizisten machten sich immer wieder lustig darüber, während sie mich schlugen. „Du hast doch für die Amerikaner gearbeitet, so kennst Du sicher den Film „Rambo"!
Ich wusste nicht, was das für ein Film sein sollte. Ich wusste es wirklich nicht. Das erfuhr ich erst später, als ein Freund mir davon berichtete. Sie machten sich einen Spaß daraus, lachten und schlugen mich immer wieder in die Rippen. Und immer wieder wurde ich gefragt : „Du erinnerst dich nicht an Rambo?" Weil ich mich beim besten Willen nicht an diesen Namen erinnern konnte, schlugen sie auf mich ein.
Ich wurde auf den Boden gezogen und durch das Zimmer geschliffen. Einer von den Polizisten meinte: „Ja, den kenne ich. Ist das der Film, wo der Arnold getreten wurde?" Und sie lachten laut und demonstrierten es an mir, traten mich immer wieder fest in die Eingeweide. Sie sprangen auf meinem Rücken herum.
Dann wollten sie, dass ich weine. „Bitte weine!"
Auch wenn es mir nicht leicht fiel, ich wollte nicht weinen, diesen Menschen nicht zeigen, dass ich verletzbar war. Ich sagte: „ Nein, warum soll ich jetzt weinen? Wenn ihr schlagen müsst, dann macht, aber ich werde nicht weinen."

Sie meinten: „Du musst jetzt weinen!“
Ich weinte nicht.

Aber viele meiner Freunde haben geweint.

Dann kam einer und hat mir mit seinen schweren Soldatenschuhen ganz fest in den Brustkorb getreten. Mir blieb die Luft weg, ich konnte nicht mehr atmen. Ich lag am Boden und es war mir nicht möglich, wieder aufzustehen.
Meine Leidensgenossen haben mir dann geholfen.

Am Ende haben sie uns dann wieder in den Iran zurückgeschickt.

Ich hatte nun kein Geld mehr und die Schlepper waren verschwunden.

Zurück im Iran. Und ich hatte Angst vor diesen Leuten, da ich wusste, sie würden im Iran noch brutaler sein, als in der Türkei. Die können doch alles mit einem machen. Viele Flüchtlinge werden dort von der Polizei einfach erschossen.
Ich hatte ein kleines Handy mit. Und ich hatte die Nummer vom Schlepper. So konnte ich ihn anrufen.
Ich erzählte ihm, was vorgefallen war.
Was sollten wir jetzt machen?
„Kannst du jetzt ein bisschen gehen?“ lautete seine Frage an mich.
Auch wenn ich mich von den Schmerzen und dem Flüssigkeitsverlust schwach fühlte, wusste ich, dass ich weiterkämpfen musste. Um die anderen, meine Freunde mit den gebrochenen Körperteilen, machte ich mir Sorgen. Es sah gar nicht gut für sie aus.

Ich wollte sie nicht im Stich lassen.

Der Schlepper erklärte, dass wir es noch einmal versuchen sollten.
Das war keine einfache Entscheidung. Wieder zurück in die Türkei. Sie versicherten, dass man uns hier im Iran sicher erschießen würde. „Ihr müsst es wieder versuchen!"

Auch die türkische Polizei hatte uns damit gedroht, uns bei einer Fluchtwiederholung in die Türkei zu erschießen. Es gab keine Garantien.
Ich fasste allen Mut zusammen und beschloss, es noch einmal zu versuchen.

Sie meinten, wir sollten einfach losgehen, und dass sie irgendwo auf einem Berg auf uns warten würden. Sie hätten da ein Fernrohr und würden uns an der Grenze sehen.

Meine Freunde sagten: „Bist du verrückt geworden? Sie werden dich töten! Deine Familie wird niemals deinen Leichnam bekommen!"
Mir blieb keine andere Wahl. Nichts zu tun, bedeutete den sicheren Tod. Ich hatte nur eine Chance, wenn ich das Wagnis einging.
Ich musste es riskieren.
Also stand ich auf und begann mich in Bewegung zu setzen. Hier sitzen zu bleiben, hätte mich wahnsinnig gemacht. Wenn die anderen nicht mitgehen wollten, war das ihre Entscheidung, denn ich konnte sie nicht zwingen.
Ich verabschiedete mich knapp und ging entschlossen los. Und was ich gehofft hatte, trat ein: Meine Freunde

standen nach und nach auf und schlossen sich mir an. Wir mussten dennoch die Schwerverletzten zurücklassen. Ich konnte nur beten für sie.

Wochen später habe ich erfahren, dass sie noch viel Schlimmes durchmachen mussten. Sie wurden fast totgeschlagen, wurden sehr schwer verletzt. Die Nase, der Kiefer, die Zähne, viele Knochen wurden jedem einzelnen von ihnen gebrochen. Ich durfte gar nicht daran denken, musste es verdrängen. Wie hätte ich überleben sollen? Diese vielen tragischen Ereignisse hätten mich wahrscheinlich gelähmt und handlungsunfähig gemacht. Ich wusste das. Also: Augen zu und durch. Weiterkämpfen!

Wir waren nun zu viert. Die Schlepper hatten versprochen, sofort anzurufen, wenn sie Polizisten sehen würden.
Es muss jedoch erwähnt werden, dass den Schleppern auch nicht zu trauen war, denn sie waren ausgekocht und dachten im Grunde nur an ihren eigenen Vorteil. Auch wenn sie einem zur Flucht verhalfen, nett war keiner von ihnen.

Diesmal hatten wir viel Glück. Weit und breit war kein Wachmann zu sehen. Es war geschafft! Wir waren nun in der Türkei.

Sehr angeschlagen und am Ende unserer Kräfte. Man darf sich das auch nicht so vorstellen, dass wir danach stolz oder erleichtert waren. Wir befanden uns alle in einem Überlebensmodus, hatten uns über die Grenze geschleppt. In meinem Kopf vernahm ich immer nur: „Weiter! Weiter!“

Vor uns stand nun dieser riesige Berg, den wir überqueren mussten. Ich wusste nicht wie, doch es musste weitergehen. Irgendwie.
Da war stets diese große Angst vor der Polizei, die uns zwang, einfach weiterzugehen und zu gehen und zu gehen... das Allerschlimmste jedoch war dieser schreckliche Durst.

Man kann vieles schaffen mit Hunger. Doch mit Durst wirst du fast verrückt. Wir waren ja auch verletzt.

Einer meiner Freunde, der mitgekommen war, war sehr schwer verletzt.
Wir waren also nach einem ganzen Tag Marsch endlich auf dem Berg angekommen. Unten sahen wir die Polizisten. Scheinbar war es für sie zu mühsam, diesen Berg zu bezwingen, um uns zu schnappen, so ließen sie uns weiterziehen.

Dieser Durst war schier unerträglich. Ich hatte keinen Speichel mehr, der Mund war völlig ausgetrocknet. Reißende Halsschmerzen plagten mich. Meine Stimme versagte. Ich konnte nicht mehr sprechen. Gar nichts mehr sagen.

Oben am Berg angekommen war von den Schleppern keine Spur.

Sie hatten uns angelogen.
Ich wählte ihre Nummer am Handy, um sie nur mehr um eines zu bitten: Wasser!
Wir begehrten in diesen Stunden nichts Anderes mehr als WASSER!

Die Reaktion am anderen Ende der Leitung war ernüchternd: „Weitergehen!" Das war alles, was gesagt wurde.

Und mit Mühe erklärten wir, dass unsere Kräfte am Ende waren. Unsere Füße waren voller Blasen und bluteten.

Dennoch blieb es dabei: „Weitergehen!"

Einer meiner stark verletzten Freunde kapitulierte und flehte: „Bitte bitte geht ohne mich weiter, ich schaffe es nicht mehr! Ich werde hier sterben." Das Bein war zwar nicht gebrochen, aber ganz schlimm geschwollen. Sein Kiefer war deformiert, die Polizisten hatten ihm alle Vorderzähne ausgeschlagen. Es war ein beinahe unerträglicher Anblick.
Wir konnten doch nicht weitergehen und ihn hier sterben lassen?

Bald erblickten wir in der Ferne einen Mann mit einem Pferd. Es dürfte ein kurdischer Schäfer gewesen sein, um ihn herum liefen lauter Schafe.

Wir fragten nach Wasser.

Der Mann sagte: „So viele Flüchtlinge kommen hier vorbei. Wir können nicht jedem helfen!"

Er wollte Geld: „Gib mir 200 Dollar, dann helfe ich euch!" Ich sagte: „Kannst du uns Wasser geben?" Er: „Ich habe kein Wasser!"

Wieder habe ich die Schlepper angerufen, um ihnen begreiflich zu machen, dass wir nur Wasser brauchten, um weitergehen zu können. Doch ich konnte nichts ausrichten. Meine Stimmbänder konnten keinen Laut mehr erzeugen, sie verstanden mich nicht und legten auf. Immer wieder versuchte ich es. Immer wieder legten sie auf.

Mich verließ völlig die Kraft.

Zum Glück hatte ich ein kleines Handy, der Akku hielt ziemlich lange, etwa eine Woche konnte ich es benutzen. Ich fiel zu Boden und konnte mich nicht mehr bewegen.

Stunden später kam irgendwann doch ein Anruf zurück. Mit letzter Energie schaffte ich es, das Handy aufzuheben und die Anrufannahme zu drücken. „Wo seid ihr?“ kam es aus dem Lautsprecher.
“Wasser!“ war alles, was ich noch sagen konnte.

Einem meiner Freunde ging es noch ein klein wenig besser als mir. Er konnte sich mit dem Kurden verständigen. Der Mann wollte immer noch Geld. Doch wir hatten kaum noch Bares bei uns. Ich hatte 20,-, einer hatte 80,- Dollar mit, wir haben diesem Mann alles gegeben, was wir noch hatten.

Für das Pferd. Besser gesagt, dass er uns hilft, mit dem Pferd weiterzukommen. Mit unserem schwerverletzten Freund. Irgendwohin!
Wenn man nicht mehr selbst gehen kann, ist ein Pferd sehr hilfreich.
Etwa einen Kilometer konnte auf diese Weise unser

Freund zum Haus des Kurden transportiert werden.

Der Freund, der noch reden konnte, fragte erneut nach Wasser. Der Kurde meinte „Nein, wir haben kein Wasser. Aber das Wasser aus der Pferdetränke könnt ihr haben!“

Wir waren so durstig. Wir wollten nur Wasser.
Doch dieses war voll von Schmutz und Pferdemist und toter Fliegen, gelb wie Urin und stank auch so ekelhaft. Wir wussten, dass dieses Wasser ganz sicher nicht gesund sein würde. Doch wir brauchten Flüssigkeit.
So tranken wir es.

Nach zwanzig Minuten fühlten wir uns so weit gestärkt, dass wir mit dem Schlepper sprechen konnten.

„Wo seid ihr?“
Wir wussten es nicht. „Auf einem Berg.“

Wir hofften so sehr, dass der Bauer denen sagen würde, wo wir sind.
Und das klappte.
Dennoch durften wir nicht auf seinem Hof bleiben, er gab uns zu verstehen, dass wir hier verschwinden sollten.

Wir hatten Rucksäcke bei uns und warfen sie einfach weg, alles war uns zu schwer geworden.
Wut machte sich breit in uns. So warfen wir auch unsere Handys einfach von uns, sammelten sie jedoch gleich wieder ein.
Wir hatten nun auch Hunger.

Der Marsch ging weiter. Nach etwa drei Kilometer machten wir in der Ferne einen Mann aus. Natürlich waren wir verunsichert, denn es hätte auch ein Polizist sein können.

Da waren auch noch andere Menschen und sie gaben uns Zeichen, anzuhalten Es stellte sich heraus, dass es Schlepper waren.

Und Gottlob, sie nahmen uns mit.

An einen kleinen Ort mit vier Häusern. Sie hatten einen großen LKW.

Endlich haben wir etwas zu essen und trinken bekommen. Es war „nur“ Brot, aber es schmeckte in der Kombination mit dem sauberen Wasser wunderbar.

Leider gab es keine Medikamente für uns und man sagte uns auch, wir würden die Nacht nicht hier verbringen können.

Mit dem großen LKW brachte man uns 15 Kilometer weiter weg. Irgendwohin.
Wir saßen hinten im Laderaum. Danach wartete ein anderer Schlepper mit einem PKW auf uns, der uns ebenfalls mitnahm.

Das Ziel war eine Stadt in der Türkei. Ich erinnere mich nicht mehr an den Namen.
Da stand ein großes Haus bereit, wo sich bereits andere Flüchtlinge befanden.

Dort gab es nun endlich ein Medikament gegen die

Schmerzen. Es gab kein Verbandszeug, aber die Schmerzen meiner Rippen wurden erträglicher.

Wir durften dort für fünf Tage bleiben. Das Hinausgehen ins Freie wurde uns streng untersagt.
Immerhin hatten wir Wasser und zu essen. Wir waren so dankbar.
Und wir haben richtig viel gegessen.

Danach sollten wir nach Istanbul gebracht werden. Die Schlepper forderten erneut Geld.
Da es andere Schlepper waren als die, die ich bereits bezahlt hatte, musste ich wieder mit den anderen Schleppern übers Telefon verhandeln, dass sie den Rest des Geldes den anderen zukommen lassen würden.

Es klappte. Und so wurden wir nach Istanbul gebracht.

Dort wartete bereits ein neuer Fluchthelfer.

Ab Istanbul war es leichter. Wir waren etwa 5 Tage da. Wieder in einem Haus versteckt. Wir mussten uns unauffällig verhalten, durften auf keinen Fall irgendwo von Polizisten entdeckt werden.

Mir war bewusst, dass der Weg noch weit war und ich war auf alles gefasst.

Die Schlepper hatten für die kommende Nacht wieder eine Flucht organisiert. So sind wir mit einem Auto bis zur Grenze von Griechenland gefahren.

Da war ein Fluss mit schätzungsweise 20 Meter Breite.

Ich habe leider große Angst vor Wasser, doch ich konnte mich überwinden, in das Schlauchboot zu steigen, da ich das andere Ufer sehen konnte.

Wir waren nun auf dem Fluss, an der Grenze zu Griechenland und als ich zurückblickte, entdeckte ich türkische Polizisten, die uns nachblickten. Schon wieder machte sich Angst und Panik in mir breit. Etwas völlig Unerwartetes geschah jedoch in diesen Minuten: ein paar Männer im Boot hatten die Lage erfasst. Sie wussten, dass wir schon zu weit weg waren, um noch festgehalten werden zu können. Sie wussten, wir hatten Griechenland passiert. Und sie winkten den Polizisten zu, schrien frech „Bye!"

Und die Polizisten lachten und riefen zurück „Glück gehabt!"

Am anderen Ufer angekommen, ließen wir die Luft aus dem Boot, weil wir Sorge hatten, dass die Polizei uns doch noch verfolgen könnte.

Es war ganz früher Morgen. Wir waren nun also in Griechenland. Dennoch war es irgendwie ein Stückchen Niemandsland.
Wir waren etwa 30 Leute und wanderten fast den ganzen Tag. Ich hatte keine Ahnung, wo wir waren. Um etwa 17 Uhr mussten wir warten, bis es dunkel wurde.

In der Nacht wanderten wir nun mit den Schleppern gemeinsam.
Wie schon erwähnt, sind Schlepper nicht gerade umgängliche Menschen. Wir durften nicht sprechen.

Sie waren boshaft und konnten eigentlich auch mit uns machen, was sie wollten. Sie schlugen uns zwar nicht, doch sie beschimpften uns ständig. Es war offensichtlich nicht ihre Aufgabe, freundlich zu uns zu sein. Ihre Aufgabe besteht lediglich darin, die Menschen ans Ziel zu bringen. Erst danach gibt es das Geld.

Da wir ja nicht auf der Straße wandern konnten, um nicht entdeckt zu werden, ging es durch unwegsame Wälder und karge Landschaften. Wieder ein elendslanger Marsch, der uns an die Grenze von Bulgarien führte. Tagsüber war es heiß, in der Nacht ausgesprochen kalt.

Und schon wieder hatten wir die Schlepper aus den Augen verloren. Irgendwo in den Wäldern war ich erneut mit zwei anderen Flüchtlingen alleine.

Es war stockdunkel. Wir hatten uns verirrt und keine Ahnung, wohin wir gehen sollten.
Fast eine Stunde irrten wir umher.

Unsere Handys hatten keinen Empfang.

Wieder waren wir völlig ratlos. Zum Glück hatten wir jedoch zwei Flaschen Wasser bei uns und Schokolade.

Dann pfiff irgendwo jemand von weitem. Wir hockten uns still hin und beteten. In dieser Situation traut man keinem Menschen mehr.
Vielleicht war dies wieder die Polizei, die uns festnehmen und erneut zurückschicken konnte.

Dann hörten wir einen Mann „Dari", unsere Muttersprache, sprechen. So wussten wir, dass es der Schlepper war.
Als er bei uns ankam, beschimpfte er uns, aber es machte uns nichts aus. Wir waren sehr dankbar, dass wir gefunden wurden.

Man muss es wohl erlebt haben, um zu verstehen, wie uns zumute war, als wir uns hier in dieser hoffnungslosen Wildnis verlaufen hatten. Wir waren völlig überfordert gewesen.
In meinem Kopf spukten bereits schlimme Bilder. Ich sah mich selbst als Leiche in diesem Wald liegen. Niemand würde wissen, wer ich bin. Meine Familie würde niemals erfahren, was mit mir passiert ist.

Und nach einigen Stunden erreichten wir endlich die bulgarische Grenze.

Die Angst war zu unserem ständigen Begleiter geworden. Auch über diesen Ort erzählte man grausame Geschichten. Die Grenzpolizei hetzte angeblich scharfe Hunde auf die Flüchtlinge. Die Schlepper hatten uns bereits vorgewarnt: „Wenn die Hunde kommen, dann lauft los! Lauft um euer Leben!"

Wir befanden uns jetzt also an der Grenze. Unter einem großen Baum hatten wir geschlafen. Man konnte uns nicht sehen, da hohes Gras die Sicht auf uns versperrte.
In der Ferne hörten wir Männer und Hundegebell.
Sie kamen aber nicht nah genug, um uns zu entdecken.
Nach etwa einer Stunde waren sie weg.

Neue Schlepper kamen mit einem großen weißen

Lieferwagen aus Bulgarien zu uns. Man brachte uns in eine große Wohnung, in der wir drei Tage bleiben konnten. Wir erhielten Essen und Trinken.

Dann ging es weiter nach Sofia.

Mit zwei PKWs fuhren wir los. In einem Auto befanden sich neun Leute. Hinter schwarzen Glasfenstern versteckt, man konnte nicht hineinsehen.
Der Fahrer dieses Autos war völlig betrunken.
Er hatte eine große Flasche Wein bei sich und trank immer wieder daraus. Was erschwerend hinzukam war, er raste wie ein Irrer. Und obwohl die Angst unsere treue Weggefährtin geworden war, sie konnte uns auch in dieser Situation in die Knie zwingen. Dieser Mann war so verrückt, erneut waren wir darauf gefasst, jeden Moment zu sterben. Während der Fahrt mussten wir den Mund halten, wir durften ja nichts sagen, um die Schlepper nicht zu erzürnen. Wir waren ja völlig auf sie angewiesen. Kaum zu glauben, dass wir heil bei der neuen Station ankamen.

Drei Tage verbrachten wir dann in einem kleinen Zimmer mit zwanzig Leuten. Der Geruch nach Ausdünstungen von Menschen, die wochenlang keine Dusche nehmen konnten – auch mein eigener - war garstig und ich konnte mich nicht daran gewöhnen.
Man wäscht sich ja nicht wirklich. Auch ich hatte mich den ganzen Fluchtweg lang nicht gewaschen. Es gab keine Möglichkeit, dies zu tun.

Die Toilette war auch in diesem Zimmer. Sie war zwar geschlossen, aber trotzdem zutiefst unhygienisch.

Es war uns wieder nicht gestattet, hinauszugehen. Es war heiß da drinnen. Wenn es dunkel wurde, hatten wir für drei Stunden Strom, dann wurde er abgedreht.

Wir hatten kein Internet und keine Bücher. So haben wir sehr viel miteinander gesprochen. Jeder hatte so viel von seiner Flucht zu erzählen.
Zwei Leute waren ziemlich schwer verwundet, weil sie von den Polizeihunden gebissen worden waren. Sie hatten den Weg von Griechenland nach Bulgarien zweimal gehen müssen.
Man hatte sie an der Grenze gefasst und nach Griechenland zurückgeschickt. Sie waren am Leben, das allein zählte.

Ich war besonders erleichtert, als wir diese Wohnung hinter uns lassen konnten. Nun ging es Richtung Serbien. Wir hatten zwei Schlepper mit, die uns begleiteten.

Und wieder erwartete uns ein sehr langer Fußweg über Berge und durch Wälder. Viele waren von der langen Flucht einfach schon so ermattet, dass es schwierig war, weiterzukommen. Jeder kämpfte mit sich selbst und sah zugleich das schwere Schicksal der anderen. Es fiel dabei
sehr schwer, sich auf seine eigenen dürftigen Ressourcen zu besinnen.

Wir wanderten einen ganzen Tag und eine ganze Nacht durch. Und wieder war das Wasser ausgegangen. Wieder dieser schreckliche Durst.

Es war zwar kalt, aber zum Glück hatte es geregnet.

Irgendwo hatte ich eine kleine Wasserlacke auf dem Weg entdeckt. Und ich habe daraus getrunken. Viel getrunken.

Immer wieder einmal hieß es „Schnell, jetzt ganz schnell laufen!“ oder „Schnell verstecken!“
Das war anstrengend.
Einige konnten nicht mehr weiter und wollten zurückgelassen werden. Doch die Schlepper konnten diese Menschen nicht zurücklassen, sie beschimpften sie und trieben sie weiter. Ihr Geld stand auf dem Spiel.

Um vier Uhr morgens war es geschafft, wir hatten Serbien erreicht.
Von nun an haben die Schlepper uns allein gelassen. Die schlimmste Gefahr schien gebannt zu sein. Einen Rat gaben sie uns mit:
„Hier ist die Straße! Geht irgendwohin! Ihr werdet irgendwo Polizei finden, die werden euch weiterhelfen!“

Wir wanderten und wanderten, aber wir trafen keinen Polizisten.
Es waren gemischte Gefühle, denn nach allem, was wir erlebt hatten, fürchtete sich jeder von uns vor Menschen in Uniform. Die Schlepper hatten uns allerdings versichert, dass uns hier nichts mehr passieren würde. Man würde uns in ein Flüchtlingscamp bringen. Wir versuchten, zuversichtlich zu sein.

Nach etwa vier Stunden fragten wir einen alten Mann nach der Polizei. Wir konnten ja nicht Serbisch sprechen, aber ich erinnerte mich an einen amerikanischen Film, wo statt „Police“ das deutsche Wort „Polizei“ vorkam. Dieses Wort gebrauchte ich und der Mann reagierte bloß mit einer Geste, die bedeutete „Geh weiter! Geh weiter!“

Nach zwei Stunden hatte die Polizei uns gefunden. Diese Männer waren tatsächlich nett und nahmen uns mit.

Uns wurden Fingerabdrücke genommen. Sie haben uns Wasser gegeben, aber kein Essen, auch sie wollten Geld von uns haben. Ich hatte noch ein bisschen Geld bei mir, zehn Dollar. Die Schlepper hatten uns immer wieder ein wenig Geld mit auf den Weg gegeben.

Die Polizisten brachten uns Burger. Ich hatte so Riesenhunger, ich hätte noch viel mehr vertragen können. Mehr konnte ich mir jedoch nicht leisten.

Auf dem Weg hatten wir wieder drei Personen verloren. Irgendwo im Wald. Und wir ersuchten die Polizisten, nach ihnen zu suchen.
Den ganzen Tag waren wir am Revier. Die drei Vermissten wurden zum Glück gefunden und zu uns gebracht.

Ja, es waren nur Männer. Während der ganzen Flucht begegneten mir nur männliche Flüchtlinge. Ich kann mir auch überhaupt nicht vorstellen, wie Familien mit Frauen und Kindern diesen Fluchtweg überwinden sollten.

Nun brachte man uns nach Belgrad.
Ich hatte kein Geld mehr. Meine Freunde hatten noch Geld und sie haben für mich bezahlt.

Die Schlepper hatten stets Kontakt miteinander. Wenn ich Geld brauchte, sagte ich es denen. Sie haben mir dann 200 Dollar ausgehändigt, so konnte ich meinen Freunden das Geld zurückzahlen.

Nun hatten wir pakistanische Schlepper.
Acht Tage lang wohnten wir nun in einem Haus, wo wir immerhin ein wenig nach draußen gehen durften.

Mit dem Zug wurde ich mit 14 anderen Flüchtlingen bis zur Grenze nach Ungarn gefahren. Die Polizisten von Serbien hatten uns darauf aufmerksam gemacht, dass sie uns ohne Geld nicht nach Ungarn lassen würden. Ohne Bezahlung würden wir direkt nach Afghanistan zurückbefördert.

Was sollten wir jetzt machen?

Ich war völlig blank. Die anderen auch. Man sagte uns, dass wir Chancen hätten, wenn wir uns absolut still verhielten, wir mussten also schweigen.

Als wir den Zielbahnhof erreicht hatten, haben wir wieder die Schlepper angerufen und sie darüber informiert.

„Bleibt für eine Nacht dort!“ lautete ihr Kommando.

Wir schliefen in einem Park. Es war eisig kalt. Und die Polizei kam wieder und wollte wieder Geld. Wir hatten aber nichts mehr.

Niemand hatte Geld. Sie haben uns von oben bis unten abgetastet und nach Geld abgesucht. Aber es war bei keinem von uns noch ein Cent zu finden.

Sie schrien auf Serbisch etwas, was wir nicht verstanden haben und fuhren wieder weg.

Am darauffolgenden Morgen kamen die Schlepper und nahmen uns mit.

Wir waren noch nicht an der Grenze zu Ungarn, sondern irrten irgendwo in einem Wald herum.
Wir hatten wieder nichts. Kein Geld. Kein Essen. Kein Trinken.
Da waren noch andere Flüchtlinge im Wald, die wir noch nicht kannten. Sie hatten Geld und sie gaben uns zu essen.

Wir mussten wieder vier kalte und nasse Nächte in diesem Wald verbringen. Die Kleidung war total durchnässt. Geschlafen haben wir auf dem Waldboden.
Die Schlepper instruierten uns und so wanderten wir einen ganzen Tag und eine Nacht weiter.
Um 22 Uhr erreichten wir die ungarische Grenze.
Wir waren bereits auf ungarischem Boden, als uns Polizisten entdeckten.
Wir nahmen unsere Beine in die Hände und rannten davon. Dann versteckten wir uns im hohen Gras. Neben mir lag der Schlepper, der mich nervös aufforderte, von ihm wegzulaufen.

Und ich fragte ihn: „Wohin soll ich gehen? Du bist der einzige, der mir alles sagen kann!“
Da ich nicht von seiner Seite weichen wollte, machte er sich aus dem Staub.
Er ließ mich allein zurück.

Die Polizisten hatten Hunde bei sich. Diese ließen sie nun frei. Viele Flüchtlinge wurden an diesem Tag geschnappt und wieder zurückgeschickt.

Ich hatte wieder einmal großes Glück: Im hohen Gras fand mich keiner. Auch die Hunde hatten mich nicht aufgespürt.

Und irgendwann erwachte ein innerer Impuls in mir: Ich muss nun ganz schnell laufen!

Ich musste mich noch einmal ganz stark machen und band meine Schuhbänder fest zusammen.
Es war stockdunkel, aber ich sah ein Licht in weiter Ferne. Und ich nahm mir vor, ganz schnell zu diesem Licht zu laufen.
Die Hunde durften mich nicht kriegen!
Ich musste also wieder zurück nach Serbien laufen.

So sprintete ich los.

Es war nicht einfach, so schnell zu laufen, denn es war ein holpriges Gelände. Da waren ja auch Wald und Hügel.
Die Hunde haben mich gesehen und fingen auch an zu sprinten. Hinter mir knurrte es laut und mein Puls raste ins Unermessliche.
Ich war wirklich schnell!

Sie haben mich nicht geschnappt, obwohl sie sehr knapp hinter mir waren, vielleicht nur mehr 5 – 10 Meter entfernt.

Erst danach bemerkte ich, dass ich mich verletzt hatte.

Die Äste der Bäume im Wald hatten sich bei meinem Sturmlauf in mein Fleisch geschnitten.
Und da war auch dieser eine Stacheldraht gewesen, über den ich gesprungen war. Ich war sehr unsanft wieder in Serbien gelandet. Meine Hand und mein Rücken schmerzten, aber ich hatte es zumindest geschafft.

Nun war ich völlig auf mich gestellt und wiederum stand ich vor einem Rätsel, wie ich weiter vorgehen musste.
Ich erinnerte mich an den Weg, von dem aus ich gekommen war. Und ich vermutete den getürmten Schlepper noch in Ungarn. Ich hatte das Gefühl, ich musste bloß warten, denn der Schlepper musste auf diesem Weg wieder retour kommen.
So wartete ich vier Stunden lang mit Schmerzen, Müdigkeit und Durst.
Mein Bauchgefühl hatte Recht behalten, denn der Schlepper war wie aus heiterem Himmel plötzlich wieder an meiner Seite.

Ich fragte ihn: „Warum hast du mich verlassen?“ und er antwortete: „Man darf mich nicht bei euch Flüchtlingen sehen. Ich musste mich verstecken, sonst hätten sie mich auch eingesperrt.“

Wir machten uns nun wieder auf den Weg zurück in das Haus meiner letzten Unterkunft. Wanderten wieder einen ganzen Tag und eine Nacht, bis wir am Ziel ankamen.

Zwei Tage und zwei Nächte verbrachte ich dort.

Die Schlepper hatten einen großen weißen Wagen

organisiert. Es war dunkel im Auto, wir konnten nicht hinaussehen und es war wenig Luft darin. Viele Leute waren da, etwa 25 Menschen. Wir wurden in den Laderaum gepfercht.

Um vier Uhr Nachmittag waren wir weggefahren und um Mitternacht hatten wir österreichischen Boden erreicht.

HEIMATLOS

Irgendwo im Süden von Österreich wurden wir freigelassen.
„Geht einfach! Irgendwohin!"

Natürlich waren wir auch hier völlig planlos.
Wir wanderten durch eine kleine Stadt. Es war mitten in der Nacht, Hunde bellten.
Dann kamen Polizisten, die wirklich nett und hilfsbereit waren.
Wir waren so dankbar.

Sie haben uns zur Polizeistation gebracht und wir verbrachten vier Tage im Gefängnis. Sechs Menschen in einem Raum. Stockbetten. Trotzdem habe ich seit langem wieder einmal richtig gut geschlafen.

Sie gaben uns Marmeladebrot.

Dann wurden wir das erste Mal befragt.
Anschließend wurden wir in das Flüchtlingslager in Traiskirchen gebracht.

Wir hatten keine Zimmer. Der Gang war total überfüllt, viele Leute schliefen auf dem Boden, im Park, in Zelten. Auch wir.
Das war jedoch alles kein Problem für mich, denn ich habe viel besser geschlafen, als jemals auf der Flucht.

Ich erinnere mich an eine wirklich nette Frau, die meinen Ausweis vorbereitete. Sie fragte mich, wie es mir ginge. Es tat gut, wieder wie ein Mensch behandelt zu werden.

Wir unterhielten uns auf Englisch. Sie bot mir Kaffee an. Das war ein sehr guter Kaffee. Nach so langer Zeit wieder

Kaffee. Ich habe mich gefreut. Der beste Kaffee meines Lebens! In meiner Erinnerung kann ich ihn immer noch schmecken.

Und die Frau war sehr nett. Erst jetzt stellte sich fühlbar etwas Erleichterung bei mir ein.
Und die Frau sagte mir: „Mach dir keine Sorgen. Es ist jetzt alles gut."

Ich würde sie so gerne wieder einmal sehen, um mich für die Liebenswürdigkeit zu bedanken. Ich weiß nicht, ob sie noch dort tätig ist.

Wir waren nun ruhiger, denn wir hatten zu essen und zu trinken, waren in Sicherheit. Und endlich konnte ich duschen. Wir tauschten mit anderen Flüchtlingen die Kleidung.

Nach vier Tagen in Traiskirchen brachte man uns in einem Bus direkt in unsere neue Unterkunft.

Mit sechs anderen Männern. Wir haben uns im Bus kennengelernt, wir alle waren Überlebende aus Afghanistan. Wir alle hatten viel Glück. Und wir dankten Gott, der uns auf dem Weg nie im Stich gelassen hatte.

Die Besitzer unseres Hauses waren so freundlich zu

uns. In den zwei Jahren, die wir jetzt in Österreich leben dürfen, sind wir sehr gute Freunde geworden.

Auch in der Wohngemeinschaft kommen wir gut miteinander zurecht. Es blieb uns auch nichts Anderes übrig. Wir mussten es schaffen.

Ich habe auch andere Flüchtlinge kennengelernt, es sind immer wieder einmal welche dabei, die sich nicht vertragen haben.

Gleich zu Beginn haben wir uns gemeinsam an einen Tisch gesetzt und beraten, wie wir das gemeinsame Leben möglichst friedlich meistern würden.

Sieben Männer, sieben Tage, jeder übernimmt einen Tag die Hausarbeit und das Kochen.

Wir konnten natürlich alle nicht kochen. Wo wir herkommen, sorgten die Frauen für das leibliche Wohl. So haben wir mit unseren Familien in Afghanistan beraten, wie man kocht. Unter deren Anleitung übers Telefon haben wir es gelernt. Mittlerweile ist Kochen und Putzen schon ganz normal für uns geworden. Das ist auch richtig so. Wir alle nutzen das Haus. Wir alle müssen essen. Warum sollte diese Arbeit nur von einer Frau erledigt werden? Diese starren Konventionen kommen mir heute überholter und absurder vor denn je.

Die Nachbarn waren leider zu Beginn nicht sehr freundlich, sie hatten Angst vor uns. Diese Menschen waren dagegen, dass wir hier leben sollten.
Obwohl es mich kränkte und verunsicherte, habe ich diesen Argwohn doch auch nachvollziehen können.

Was wussten sie schon von uns? Wir waren Fremde aus einer völlig anderen Kultur. Wer konnte schon wissen, ob wir anständig waren?

Erst in der Wohngemeinschaft bekam ich den ersten Kontakt zu meiner Familie und meiner Freundin. Und es war sehr schön, sie wieder zu hören.

Ich habe natürlich zuerst mit meiner Mama gesprochen. Sie hatte Riesenangst, dass sie nie wieder etwas von mir hören würde und hatte sich schon ausgemalt, dass ich auf dem Weg umgekommen wäre. Sie hatte viel geweint, auch meine kleine Schwester und mein Vater... alle haben wir geweint.

Ich habe ihnen ein Video gezeigt von dem Haus, in dem ich jetzt wohne. Als meine Mutter das Zimmer sah, welches ich mit meinen Mitbewohnern teile, erschrak sie: „Was? DREI Leute in einem Zimmer?!“

Zuhause verfügte ich über mein eigenes kleines Zimmer. Ich hatte meinen Laptop, meine Bücher.

Manchmal gibt es kleine Konflikte, doch wir schaffen das ganz gut. Wir können gut miteinander sprechen. Wenn es etwas zu klären gibt, setzen wir uns zusammen und finden Lösungen.

Zuerst haben wir gesagt, jeder von uns muss Geduld haben. Wir wissen nicht, wie lange wir hierbleiben werden. Ich denke, bis jetzt haben wir das ganz gut hinbekommen.

Wir hatten Liesbeth, unsere Lehrerin, die in einer

Schule Französisch unterrichtet.

Dann kam Christine, sie ist unsere „Mama“ geworden. Wir lieben sie. Wir sagen auch „Mama“ zu ihr.

Sie kennt uns wirklich gut. Und sie hat uns Deutsch gelehrt. Sie zeigt uns die österreichische Kultur, macht Ausflüge mit uns. Durch sie haben wir auch nette Leute aus der Pfarrgemeinde kennengelernt. Sie brachte uns einfach alles bei und sorgt sich sehr um uns. Das tut gut. Christine ist ein Schatz.

Fast täglich kommt sie vorbei und kümmert sich um uns. Wir diskutieren viel. So ziemlich alles, was wir über hiesige Gebräuche und Sitten in Österreich gelernt haben, hat sie uns vermittelt.

Aber es gab auch andere, die uns geholfen haben. Ich möchte sie hier alle mit Namen nennen: Daniela und ihre Familie, Patrick und Anna, Eva, Heidi und Robert, Waltraud, Roswitha, Dieter, Birgit, M.C. und Christian mit ihren Kindern und einige andere. Man hat sich stets um uns gekümmert. Wir müssen nicht allein mit allem zurechtkommen, können jederzeit jemanden anrufen, wenn wir etwas brauchen oder nicht weiterwissen. Das ist wirklich großartig und wir wissen, dass es keine Selbstverständlichkeit ist. Wir kennen inzwischen viele Asylwerber, die es schwer haben, sich zu integrieren, weil niemand da ist, der ihnen unter die Arme greift. Schon der Erwerb der deutschen Sprache ist eine große Herausforderung. Wären wir damit allein gelassen worden, hätten wir vermutlich nur wenige Fortschritte gemacht.

Mittlerweile können wir alle ziemlich gut Deutsch. Nach eineinhalb Jahren haben wir schon ein A 2 Zertifikat erworben und Christine meint, dass wir im Moment sogar schon B 1 mit Leichtigkeit schaffen könnten.

Als wir vier Monate hier waren, hatten wir einen Tag der Offenen Tür veranstaltet.

Dazu wurden alle Nachbarn eingeladen, um ihnen die Gelegenheit zu geben, uns kennenzulernen.

Etwa 100 Leute waren gekommen und es wurde eine richtige Party daraus. Wir haben uns wirklich sehr darüber gefreut. Dieser Tag war sehr schön und hat uns beeindruckt.
Als wir hierherkamen, wollte niemand mit uns sprechen, sie schienen sehr distanziert zu sein. Ich glaube jedoch, sie hatten Angst vor uns.

Ich habe ein paarmal versucht, mit diesen Leuten zu sprechen, vor allem konnte ich ja erst einmal nur auf Englisch kommunizieren. Leider können hier ältere Menschen nicht so gut Englisch.

Ich habe immer wieder vorsichtig den Kontakt mit den Dorfleuten gesucht. Es hat sehr lange gedauert, 8 oder 10 Monate, bis die Leute auch mit uns ein wenig gesprochen haben. Sie haben wohl da erst das Vertrauen zu uns gewonnen und erlebt, dass wir hier keinem zur Last fallen wollen.

Mittlerweile gibt es in der Nachbarschaft einige, mit denen wir sehr gut befreundet sind. Wir treffen uns zum Essen, zum Spielen, Musizieren und zum Plaudern oder einfach so.

Es ist uns auch eine große Hilfe, dass wir in unserer unmittelbaren Nähe afghanische Landsleute, auch Familien kennengelernt haben. Insbesondere mit einer afghanischen Familie im Nachbarort bin ich eng befreundet.

Besonders freuen wir uns über die Kinder, die mittlerweile regelmäßig zum Fußball spielen zu uns kommen.

Für mich war natürlich vieles neu. Dadurch, dass ich mit den Amerikanern gearbeitet hatte, war die westliche Kultur nicht ganz neu für mich.

Im Schwimmbad habe ich auch Frauen und Mädchen beim Schwimmen gesehen, was für mich total fremd war. Und ich achtete darauf, nicht hinzuglotzen. Ich möchte mich normal verhalten und mich anpassen. Und anfangs half es mir, einheimische Männer zu beobachten, um zu erkennen, wie ihr Umgang mit Frauen hier ist. Ich sah, wie die Männer hier damit umgehen und so machte ich es auch.

Es dauerte ein wenig, aber nach ein paar Tagen wurde es allmählich zur Normalität für mich.

Ich bin weltoffen. Mich würde nicht stören, wenn meine Frau selbst entscheidet, was sie anzieht. Auf gar keinen Fall sollten sich die Frauen verhüllen müssen. Wenn sie es selbst so wollen, sollten sie es schon auch tun dürfen. Aber generell geht das niemand anderen etwas an. Auch ich möchte niemanden fragen müssen, was ich anziehen darf.

Ich habe schon bemerkt, dass einige meiner Landsleute von Anfang an diese Offenheit nicht verstehen konnten. Dass die Frauen kurz angezogen sind, ist für mich keine Einladung, aber viele unreflektierte Männer denken, dass es ein „leichtes Mädchen“ ist. Aber mittlerweile haben auch meine Mitbewohner kapiert, dass Männern und Frauen die gleichen Rechte zugestanden werden müssen. Man kann das nicht verallgemeinern. Obschon ich insgeheim manchmal denke, dass es vielleicht nicht immer „so viel Haut“ sein muss.

Ich mache mir viele Gedanken darüber, worüber Menschen hier miteinander sprechen, wenn sie sich treffen. Worüber denken die Leute nach, die in Freiheit und in Sicherheit sind? Welche Interessen haben sie?

Das habe ich noch nicht ganz begriffen.

In Afghanistan wird sehr ausgiebig und intensiv über Politik gesprochen und diskutiert. Die Menschen sind natürlich politisch interessiert, das ist wegen des Krieges. Ich glaube, man beschäftigt sich damit, weil man es einfach nicht versteht und immer auf der Suche nach den Verantwortlichen ist.

Ich verstehe die Einstellung vieler jungen Menschen nicht, die ich hier beobachte.
Viele leben einfach so in den Tag hinein, machen nichts aus ihrem Leben. Sie schwänzen die Schule. Sie feiern ausgelassene Partys und rauchen Zigaretten und trinken viel Alkohol. Warum muss das sein in einem Land, wo so vieles möglich ist? Warum machen sich die

Menschen freiwillig kaputt?
Ich verstehe das nicht so richtig, ich freue mich jedoch für die Freiheit von anderen Menschen, vor allem die Freiheit der Kinder. Über Eltern, die nicht miteinander streiten. Hier habe ich noch nie Paare gesehen, die sich in dieser Form streiten wie in Afghanistan.
Es gibt hier so unglaublich viele Möglichkeiten. Das sehe ich so.

Ich habe bemerkt, dass es in Österreich viele Schulskeptiker gibt, ich verstehe das nicht. Für mich ist das alles Luxus hier. Ich sah eine HTL und konnte nur staunen über die wunderschöne Schule, die Lehrsäle, die Bibliotheken. Ich war schwer beeindruckt.
Jeder kann sich hier Wissen aneignen. Unendlich viel. Für mich ist das ein Schatz.

Ich verstehe Bildung als den Schlüssel zur Unabhängigkeit.

WARTEN

Ich habe unbändige Angst. Jede Nacht, bevor ich schlafen gehe, denke ich: „Und jetzt passiert etwas!“
Ich bete viel.
Ich bin wie gelähmt, völlig handlungsunfähig, kann nur abwarten, was weiter geschieht.
Beinahe jede Nacht träume ich von meiner Arbeit. Ich sammle immer wieder Leichenteile zusammen...
Meine Eltern müssen regelmäßig umziehen, sie sind fünf Mal umgezogen, seit ich geflüchtet bin. Ein anderes Haus wird gemietet. Es sind zwar immer nur kleine Häuser, doch sie sind nicht billig. 8.000 Afghani, das sind umgerechnet etwa 200 Euro im Monat für ein Zimmer mit Dusche, WC und Terrasse.
Kabul ist sehr teuer.

Sie werden bedroht und offenbar ständig beobachtet. Die Terroristen rufen immer wieder bei ihnen an und erklären, dass sie wissen, wo sie jetzt wohnen.

Die Nummer auf dem Display lautet „123“. Man weiß nicht genau, von wo aus sie anrufen. Das ist eigentlich eine Nummer der Regierung. Man kann diese Nummer nicht zurückrufen.

Der Kontakt zu meinen Eltern ist seit sechs Monaten abgebrochen.

Die letzte Information bekam ich von meinem Cousin. Wir telefonieren ein- bis zweimal im Monat. Ich ahne, er unterdrückt wichtige Informationen. Dass die Terroristen im März einen Brandanschlag auf den Lebensmittelladen meines Vaters verübten, erfuhr ich auch erst viele Wochen später. Dabei brannte das gesamte Geschäft ab und mein Vater wurde schwer verletzt. Angeblich lag er viele Wochen im Krankenhaus. Man möchte mich nicht darüber informieren, wie schlimm es wirklich ist. Ich forderte ein aktuelles Foto von meinem Vater, doch ich warte vergeblich darauf. Das macht mich total fertig. Ich weiß nicht mehr, wem ich noch etwas glauben kann.

Sie mussten wieder umziehen, doch ich habe keine Ahnung, wo und wie meine Familie derzeit lebt. Ob sie überhaupt noch am Leben ist.

So versuche ich mich abzulenken von den vielen Schreckensbildern und Szenarien, die in meinem Kopf immer wieder Formen annehmen. Da ich die Tatsachen nicht kenne, spielt das Kopfkino oft völlig verrückt.

Seit drei Monaten darf ich endlich in die Schule gehen. Auch wenn der tägliche Schulweg viele Stunden in Anspruch nimmt, erhalte ich dadurch ein Stückchen Zuversicht. Ich bin aktiv. Ich muss nicht, wie 20 Monate zuvor, einfach nur in der Unterkunft warten, was passiert.

Dabei muss ich zugeben, dass ich mich in der Schule sehr langweile. Ich Vergleich zu den meisten anderen Schülern in meiner Gruppe sind meine Deutschkenntnisse überdurchschnittlich. Trotzdem nehme ich den täglichen Marsch zur Bushaltestelle gerne auf mich.

Der Wochentag beginnt um 5 Uhr morgens. Derjenige, der Hausdienst hat, bereitet das Frühstück vor. Kurz nach sechs Uhr gehen wir los und kommen gerade rechtzeitig um sieben Uhr bei der Bushaltestelle an. Um 8 Uhr haben wir die Schule erreicht. Da der Unterricht jedoch frühestens um 9 Uhr beginnt, müssen wir auch hier oft viele Stunden mit Warten zubringen.

Manchmal dauert der Unterricht bloß 2 Stunden. Da nur selten ein Bus fährt, heißt es wieder warten.

Danach wieder der Fußmarsch von 45 Minuten. Unsere körperliche Kondition ist ganz gut. Es macht mir nichts aus, bei Schnee und Regen zu gehen. Hauptsache, ich sitze nicht untätig in meinem Zimmer herum und mache mir Sorgen. Dabei kann man leicht depressiv werden.

Als Asylanwärter sind mir buchstäblich die Hände gebunden. Man fühlt sich isoliert und oftmals ausgegrenzt. Da man keinen Fehler machen möchte, sich möglichst den westlichen Gebräuchen anpassen will, ist man vorsichtig und traut sich manchmal gar nicht aus dem Haus.

Denn „normal" bedeutet auch, täglich arbeiten zu gehen, was uns verboten ist. Wir helfen natürlich innerhalb der Nachbarschaft, doch haben wir und unsere Freunde immer ein wenig Bauchweh dabei.

Wir wissen, dass nicht alle Leute im Ort mit unserer Anwesenheit einverstanden sind und haben auch schon von Anzeigen gehört, bei denen mit sofortiger Abschiebung gedroht wurde.

Es ist irgendwie so, dass man das Gefühl hat, keine eigene Identität mehr haben zu dürfen.

Jeder hier kann eigentlich machen mit einem, was er möchte. Denn ich und meine vier Mitbewohner würden so ziemlich alles dafür tun, nicht mehr zurück nach Afghanistan zu müssen.
Ich vermisse meine Familie wahnsinnig, doch der Preis, sie wiederzusehen, solange die Terroristen uneingeschränkt morden können, wäre mein Leben.

Vor wenigen Wochen habe ich mich dazu entschlossen, meine Freundin loszulassen. Ich habe Schluss gemacht.

Sie ist jetzt eine junge Frau. Warum sollte sie noch länger auf mich warten müssen? Ich kann ihr gar nichts garantieren. Schon gar nicht eine baldige Rückkehr. Da sie sich vor der westlichen Kultur ängstigt, sehe ich auch keine gemeinsame Zukunft in Europa.

Es tut sehr weh, doch den „alten Khalid“ gibt es leider nicht mehr. Selbst mein Cousin in Afghanistan empfindet meine „neuen Denkweisen“ höchst befremdlich. Er meint, ich würde bereits nicht mehr wirklich dazugehören. Und er hat wohl Recht.

Da stehe ich also. In einer Zwischenwelt. Kein Afghane mehr und dennoch kein Österreicher.

So bleibt mir nur zu beten und auf Wunder zu hoffen. Gott hat mich, warum auch immer, hierhergeführt. Ich werde mein Bestes geben, um mein Schicksal zu meistern.

Die Menschen, die uns unterstützen, erinnern uns stets daran, positiv zu denken. So übe ich mich täglich darin, ein gutes Bild von meiner Zukunft zu zeichnen. Mein größter Wunsch ist es, einen positiven Asylbescheid zu bekommen, um danach in einer der Landeshauptstädte Computerwissenschaften studieren zu können.
Natürlich würde ich mir wünschen, irgendwann wieder in mein Heimatland zurückkehren zu können, doch bei all den Terroranschlägen und Unruhen in Afghanistan ist dies nicht absehbar.

Ja, ich habe viel Glück, in einem friedlichen Land gelandet zu sein. Ich habe bereits viele Freunde hier gewonnen. Menschen, die immer da sind, wenn man nicht mehr weiterweiß. Das ist mehr, als ich als Flüchtling aus einem fremden Kontinent erwarten konnte.

Ich bin so dankbar, dass man mich so herzlich aufgenommen hat und möchte diesem Land und den Menschen hier eines Tages auch etwas zurückgeben können.

Da ich gerade neun Wochen Ferien habe, wollte ich unbedingt eine ehrenamtliche Beschäftigung. Diese habe ich nun in der Tagesbetreuung eines Altenwohnheimes gefunden, wo ich in der Betreuung kranker und alter Menschen mithelfe. Ich freue mich sehr über den Kontakt zu den alten Menschen und den Betreuern. Es ist ein weiterer Schritt auf dem Weg, hier in Österreich Fuß zu fassen und mich zu integrieren.

An dieser Stelle gilt es auch, ein herzliches Dankeschön meiner Autorin zu sagen, die sich auf meine dramatische Geschichte eingelassen hat, bereit war, mir viel Zeit zu opfern, mir einfühlsam zuhörte und sich mit meinen schweren Erlebnissen auseinandergesetzt hat und sie schließlich in ein berührendes Buch gefasst hat. Dankeschön, liebe M.C.!

GEDANKEN DER AUTORIN
JUNI 2017

Knapp sechs Monate sind vergangen.

Unzählige Stunden wurde gesprochen, diskutiert, gelacht und geweint, kritisch hinterfragt, den Dingen auf den Grund gegangen, recherchiert. Die Auseinandersetzung mit Krieg und Tod, den Traditionen und der „Normalität" in einer fremden Kultur war bereichernd und horizonterweiternd.

Ich durfte eintauchen in Khalids Welt, die für mich exotisch und furchteinflößend zugleich war. Eine Realität einer Welt, die mir bis dato verschlossen geblieben war.

Dabei durfte ich vieles lernen. Altes und Neues. Das Alte zeigte sich mir in einem neuen Gewand. Dahinter verhüllt erspähte ich immer wieder, was ich im Grunde schon kannte. Nämlich, dass wir alle aus dem gleichen Holz geschnitzt sind.

Im Grunde sind die wahren Bedürfnisse von Menschen, wo auch immer sie herkommen, dieselben. Wir alle wollen uns frei entfalten können. Jeder sehnt sich nach einem Zuhause, nach Sicherheit und Stabilität. Wir wollen gerne akzeptiert werden. Jeder lernt früher oder später die Furcht vor der eigenen Endlichkeit kennen. Wir alle haben Angst, geliebte Menschen zu verlieren.

Ich habe Khalid, den Flüchtling aus der Nachbarschaft,

in dieser Zeit sehr gut kennenlernen dürfen und ihn in mein Herz geschlossen. Ich wünsche mir zutiefst, dass er
einem guten und langen Leben in Sicherheit entgegensieht.

Er ist ein intelligenter, sensibler, charismatischer und empathischer junger Mann. Ich bewundere, dass er bei allem, was er bereits in jungen Jahren durchgemacht hat, noch diese Lebendigkeit und diesen Wissensdurst besitzt. Er ist ein Kämpfer. So wie sehr viele derer, die es bis zu uns geschafft haben. Sie alle verdienen unseren höchsten Respekt.

Durch seine Geschichte ist mir klargeworden, wie viele solcher und ähnlicher Biografien es noch geben muss. Und dass es enorm viel Kraftaufwand braucht, um so eine Flucht physisch wie auch psychisch zu bewältigen.

Es ist für mich unbegreiflich, dass es in einer Gesellschaft, wie der unsrigen, immer noch so viele Menschen gibt, die aus der Geschichte nichts begriffen zu haben scheinen. Die sich von der Furcht vor dem Fremden kontrollieren lassen und Hilfesuchenden mit Hohn und Spott begegnen, anstatt mit der Bereitschaft, zu helfen.

Dabei müssten wir in einem Land mit Bildungspflicht ausreichend gebildet sein. Sollte man meinen.

Dieses Buch soll ein Zeitdokument sein.
Wir stecken mitten drin in der Menschheitsgeschichte und dürfen langsam erkennen, dass sich etwas zu wiederholen scheint.

Wie vor 70 Jahren werden auch in dieser Epoche auf subtile Weise menschenunwürdige Verhältnisse geschaffen. Dies kann nur gelingen, weil viele vermeintlich mündige Bürger sich weigern, hinzusehen, sich ihrer Verantwortung als Menschen zu stellen.

Denn es fällt auf, dass diejenigen, die gegen Flüchtlinge hetzen, keinen einzigen davon persönlich wirklich

kennengelernt haben. Eine solche Begegnung würde das Blatt wenden. Zumindest bei den Flüchtlingen, die wir kennengelernt haben.

Die Gegner würden ihre Meinung ändern müssen. Dass dies für viele nicht leicht sein mag, liegt auf der Hand.

Ich möchte natürlich nicht alle Menschen in einen Topf werfen. Wie überall auf der Welt gibt es welche, die querulieren und Schwierigkeiten machen wollen. Die meisten wollen das nicht.

Leute mit oder ohne Asyl, die hier straffällig werden, sollten nach meiner Meinung, mit sofortiger Wirkung ihr Bleiberecht in diesem Land verlieren.

Doch zu oft wird in den Medien und unter den Menschen ein verfälschtes Gesamtbild von „den Wilden des Ostens" vermittelt. Leute, die kaum Selbstsicherheit entwickeln konnten, haben häufig Schwierigkeiten, diese Schwelle zum Fremden zu überwinden. Ihre einzige Strategie ist die Abwertung, die von ihrer eigenen Unsicherheit ablenken soll.

Aber auch die Unsicherheit der Geflüchteten ist sehr groß. Sie haben ihre Familien zurücklassen müssen, sind entwurzelt, werden verfolgt. Kurzum, sie sind erschüttert vom Krieg und dem Chaos, welches in ihren Heimatorten herrscht. Traumatisiert.

Und es handelt sich IMMER um Menschen, die den gleichen Planeten wie wir bewohnen und denselben Sauerstoff atmen. Menschen, die das gleiche Recht auf Leben und Sicherheit haben, wie wir.

Diese Menschenrechte sollten eine Selbstverständlichkeit sein.

Zum Glück leben wir in einem Rechts- und Sozialstaat. Man sollte davon ausgehen können, dass hier alles Menschenwürdige für Menschen getan wird.
Doch ist dem auch so?

Als Khalid Ende Jänner seinen ersten negativen Asylbescheid bekam, glich das für ihn einem Todesurteil. Ich war dabei, als er den Brief öffnete. In meiner Arglosigkeit hatte ich noch keinen Begriff davon, was so ein behördliches Schriftstück für einen Menschen, der um sein Leben fürchtete, bedeutete. Ich wusste, dass er darauf gewartet hatte. Ich wusste, dass er nicht ausgewiesen werden wollte, doch ich kannte seine Geschichte noch nicht gut genug, um die Tragweite dieses Schreibens begreifen zu können. Ich erkannte den Ernst der Lage nicht.
In unserem Land gibt es Geldstrafen, maximal begrenzte Freiheitsstrafen. Dass so ein Brief überlebenswichtig sein konnte, war mir da noch nicht bewusst gewesen.

Als er das Schreiben durchsah, erstarrte er.

Da stand: „Der Antrag auf Asyl wird abgelehnt. Sie sind verpflichtet, innerhalb einer Zwei-Wochen-Frist das Land zu verlassen und in ihren Heimatort zurückzukehren."

Er wollte zwar tapfer und gefasst auftreten, doch ich bemerkte, er rang nach Luft.
Ich versuchte, ihn zu trösten, wollte ihm und mir weismachen, dass es für jedes Problem eine Lösung gäbe. Man würde auch hier nur lange genug suchen müssen.

Wie schon erwähnt, kannte ich diese gnadenlose Welt von radikalislamischen Gruppierungen nur aus den Medien. So etwas geschah weit weg, wenn überhaupt. Krieg und Mord kamen ja doch eigentlich nur aus dem Fernsehen.

Ich sah in die Augen dieses „Verurteilten" und erkannte darin blankes Entsetzen. Schlagartig fuhr es mir in die Knochen. Da stand tatsächlich ein Mensch vor mir, für den all dieser Wahnsinn aus den Medien Realität war. Und auch, wenn ich es noch nicht erfassen konnte, spürte ich in diesen Sekunden seinen Schmerz und seine Todesangst.

Später konnte ich mir das Schriftstück ansehen.
Und es wurde mir dabei allzu deutlich, dass Khalids Lebenslauf gar nicht wirklich gelesen wurde. Ein Negativbescheid hätte in seinem Fall nicht zustande kommen dürfen.

So etwas hätte nicht passieren dürfen!

Zum Glück konnte er mithilfe eines Anwalts Einspruch erheben.
Khalid wartet zurzeit auf den Termin für sein zweites Interview. Ich hoffe sehr, dass man diesmal auf seinen Fall konkret eingehen wird.

Anfang des Jahres wurde mit Afghanistan ein Abkommen getroffen. Seither werden fast alle afghanischen Flüchtlinge abgeschoben. Es kommt vermehrt zu Massenabschiebungen.
Die Polizei erscheint völlig unangemeldet, meistens in den frühen Morgenstunden und holt die Menschen ab.

Auch „unsere“ Flüchtlinge leben in Angst und hoffen, dass sie nicht die Nächsten sein werden.

Mit ihnen fiebern und bangen zig Helferinnen und Helfer, welche die liebenswerten „Jungs“ nicht mehr missen möchten, so auch meine Familie und ich.

Mit Sicherheit werden wir sie nicht einfach ausliefern lassen!

Denn hier geschieht etwas unfassbar Grausames. In unserem sauberen, reichen und friedlichen Land werden tatsächlich Todesurteile gefällt!

Es klingt hart, doch es passiert.

Wenn nur der Verdacht besteht, dass Menschen in

ihrem Herkunftsland getötet werden könnten, so haben wir die Pflicht, sie zu schützen.

Es gleicht einem Mord, wenn wir sie in eine Gefahrenzone zurückschicken, in der religiöse Fanatiker nach Lust und Laune foltern und töten können.

Machtgierige der Industrienationen, speziell der Waffenindustrie sind die wahren Verantwortlichen für Krieg und Flucht.
Wenn ihr lukratives Geschäft gut läuft, und das tut es, dann schrecken sie vor nichts zurück.

Man muss verstehen lernen, dass auch Europa nicht sicher vor diesen Mächtigen ist.

Das, was wir erleben, sind die Folgen dessen, was man gemeinhin als Gehirnwäsche bezeichnet. Man hat uns alle vollgestopft mit oftmals fragwürdiger Bildung, vieles davon wird nicht gebraucht und vergessen. Diese Bildung hat wohl die Wirtschaft, nicht jedoch unser persönliches soziales Leben bereichert. Während wir als verantwortungsvolle Eltern genötigt sind, unsere Kinder damit zu quälen, sind wir abgelenkt von den wirklich wesentlichen Ereignissen unserer Welt. Am Abend setzen wir uns vor die Flimmerkiste und ziehen uns erneut Gehirnwäsche rein.

Was wirklich wichtig wäre? Die Ausbildung eines Miteinanders, die Entwicklung eigenständiger selbstdenkender Individuen und Persönlichkeiten mit einem gesunden Hausverstand, der uns stets daran erinnert, dass wir Menschen sind und somit soziale

Wesen mit Werten, moralischen und ethischen Grundsätzen, die sich aus dem Zusammenleben ganz von selbst herausbilden.

Wer kann heute denn noch zuhören? Wer sich authentisch ausdrücken? Mitfühlen und Mitdenken wäre soviel konstruktiver, als immer der Gewinner sein zu müssen. Es geht um Leistung. Nur mehr darum. Bei Krieg auch. Es ist haargenau das gleiche Muster.

Das Ziel ist eine kollektive Gleichschaltung, um Kontrolle ausüben zu können. Und es wird uns allen das Gefühl vermittelt, als wären wir in Sicherheit, wenn wir uns nur an die vorgegebenen Regeln hielten. Eine der Regeln lautet, höchsten Instanzen nicht zu widersprechen, auch wenn sie im Irrtum sind.

Kann ich einem System wirklich trauen, das unmenschlich agiert? Ja, ich meine es wirklich so! Hier wird gegen Menschen agiert, nicht für sie.

Menschen werden bestraft, obwohl sie sich keinem Verbrechen schuldig gemacht haben! Alles, was sie sich wünschen, ist Sicherheit und Akzeptanz. Ist das ein Verbrechen?
Wer entscheidet das?

Und ich frage mich manchmal: Können diese „Richter“ nachts gut schlafen?

Was ist denn ein Menschenleben in so einem System eigentlich wert? Woher weiß ich denn, ob ich nicht die Nächste bin, die ausgegrenzt oder bedroht wird?
Und würde ich mich dann nicht auch auf die Flucht

begeben, auf die Suche nach einem menschlicheren und sichereren Ort?

Was bedeutet es, Mensch zu sein? Was ist ein gutes Leben? Geht es mir wirklich gut, wenn ich nur an mich denke? Was ist Empathie? Wie geht das? Und warum macht sie mein Leben reicher?

Nur durch Sensibilisierung unserer Sinne und durch das Erkennen von zutiefst menschlichen Abwehrmechanismen könnten wir verstehen lernen, dass wir alle Opfer einer destruktiven „Methode“ geworden sind, auf bizarre Art wurden wir dressiert wie kleine Äffchen in einem Zirkus. Auf Wettkampf und Ehrgeiz. Auf Geiz und Hass. Und auf Verdrängung.

Wie ein zutiefst bedürftiges Schreibaby, das man wegsperrt, um es auf Rücksichtnahme „zu erziehen“, hört auch die Masse auf, gegen Ungerechtigkeiten aufzubegehren, wenn der Aufschrei keine Wirkung hat.

Immer wieder höre ich von verschiedensten Leuten: „Ja, es ist alles schlimm geworden. Doch was willst du machen?“

Wenn jeder dies sagt, wird sich nichts verändern können.
Weil zu viele einer korrupten Obrigkeit nichts entgegensetzen, kann ein System derart aus dem Ruder laufen.

Wir sind alle Opfer. Die Menschen aus dem Osten, wie auch wir im Westen. Wir alle können nichts für den Krieg. Und dennoch betrifft er uns alle irgendwie.

Wir wollen Frieden? Dann fangen wir bei uns an! Es geht nicht anders.

Wir sollten uns wieder daran erinnern, was wir sind: MENSCHEN.
Und daran, wem ein solches System dienen sollte: Uns MENSCHEN! Allen Menschen!

Dieses Verständnis wäre der erste Schritt zu einem würdigen und friedlichen Leben.

Mehr als alles andere wünsche ich mir ein solches.
Für Khalid und seine Freunde. Für alle Unschuldigen da draußen. Für meine Familie und meine Kinder.

Von Herzen,
Margo Christine

ZULETZT

August 2018

Die neue Bundesregierung unter ÖVP/FPÖ steuert nun einen asylfeindlichen Kurs, vor allem junge alleinstehende afghanische Männer sollen ausnahmslos deportiert werden. Dies geschieht unter dem Vorwand, verlässlich Wahlversprechen einzuhalten. Doch wo bleibt die Moral, die Menschlichkeit dabei? Es weht ein kalter Wind in diesen neuen Gefilden. Nicht zu Unrecht wird einem mulmig im Magen. Zumindest denen, die unsere Geschichte begriffen haben.

Wo kann dieser Kurs hinführen?

Viele gebildete, hellhörige und empfindsame Menschen gehen nun auf die Straßen, um gegen diese Ignoranz und Ungerechtigkeit zu demonstrieren. All die empathischen Helfer, die seit der Flüchtlingswelle 2015 ihre Freizeit mit den Schützlingen verbracht, ihnen die deutsche Sprache gelehrt und hiesige Umgangsformen vermittelt, sie mental und psychisch begleitet haben, werden nun mehr denn je als Gutmenschen beschimpft.

Der Rechtsruck ist nicht nur hierzulande spürbar. Ganz deutlich hat sich die Moral in unseren Breiten verändert. Es scheint, nach und nach findet eine Verrohung statt, Rassismus wird wieder zunehmend salonfähig. Es ist sogar so, dass Menschen, welche Flüchtlingen das

Leben retten, mittlerweile ins Gefängnis gesperrt werden können.

Es gibt Bezirke in unserem Land, wo Asylanten tagsüber ihre Unterkünfte nicht mehr verlassen dürfen. Man will sie
nicht auf den Straßen sehen.

Außerdem sind große Flüchtlingslager geplant, worin die Asylanwärter isoliert gehalten werden sollen.

Offensichtlich ist, dass man hier den Unmut der ängstlichen Bevölkerung noch schüren möchte, denn in Gefangenschaft lebende, gefrustete wie ausgegrenzte Menschen entwickeln mehr Aggressionen und Depressionen. Egal übrigens welcher Herkunft sie entstammen. Es sind pure menschliche Verhaltensweisen, sowie gesunde Reaktionen auf Diskriminierung und Isolation.

Für rassistische, hetzerische Systeme eine erfolgreiche Entwicklung, um zu demonstrieren, wie gefährlich „diese Schweine“, „diese Affen“ sind.

Nun nimmt gar die UNO den österreichischen Umgang mit Migranten unter die Lupe, da aus der Sicht der Menschenrechtskonvention hier Grenzübertretungen deutlich werden. Das ist alles durchaus besorgniserregend.

Auch Khalids Scharfsinn entgingen diese politischen Entwicklungen nicht und er zog sich immer häufiger in sein Zimmer zurück. Seine Hoffnungen, wie sein

Optimismus schwanden zusehends. Aus dem positiven, vor Lebenskraft strahlenden jungen Burschen mit den ausdrucksvollen Augen ist ein verbitterter, verzagter junger Mann geworden, der zwar immer noch singt, aber am lautesten, wenn er eigentlich weinen möchte.
Und das oft stundenlang.

Er kaspert, schwindelt, wenn man ihn fragt, wie es ihm geht: „Es geht mir gut, danke!“ Er ist höflich, und doch abweisend.

Zuviel Nähe und Offenheit wagt er hier nicht mehr. Es sieht so aus, als würde er gerade die Menschen von sich stoßen, die ihm besonders viel bedeuten. Einmal sagte er: „Dann tut es nicht so weh, wenn ich gehen muss!“

Früher konnte man stundenlange tiefsinnige Gespräche mit ihm führen. Viel zu zerrissen erlebte ich ihn im letzten Jahr.

Die Furcht vor einem neuerlichen Bruch musste unvorstellbar sein. Vor dem Ab-Bruch seiner neuen Verbindungen. Dem Auf-Bruch in eine ungewisse Zukunft.

Auch wir, seine Freunde, waren ohnmächtig geworden. Wir wollten positiv bleiben, um positives zu ermöglichen.

Es kostete viel Kraft, auch ihn aufzubauen. Und es gelang immer seltener.

Immer öfter wurden afghanische Freunde abgeschoben. Kaum noch aussichtsreiche Nachrichten in den Medien.

Nur noch wenige Momente, wo er erreichbar und greifbar war.

In so einem Augenblick sagte er:
„Ich fühle, dass es sinnlos ist. Ich weiß, dass man uns Flüchtlinge, vor allem die Vorbildlichen, hier nicht haben will. Egal, was ich tue, egal, wie sehr ich mich auch integriere und bemühe, sie werden mich wegschicken!"

Und ich fragte mich: Wenn Khalid nicht positiv bekommt, wer denn dann?

Am 31. Juli 2018 erhielt Khalid seinen zweiten negativen Asylbescheid.

Zwei Tage später hat er Österreich verlassen. Er lebt nun wieder auf der Flucht.

Hinterlegt am: 26.07.2018 07:55:02

BVwG
Bundesverwaltungsgericht
Republik Österreich

Worte von Khalid nach dem Abschied

Warum Integration nicht gut für einen Asylwerber ist, solange er noch nicht positiv ist?

Als ich in Österreich war haben die Leute immer von Integration gesprochen, selbst die, die uns nicht in ihrem Land haben wollten.

Es tut mir nicht weh, dass ich nicht dortbleiben konnte, oder weil ich einen negativen Bescheid bekommen habe.
Mir tut nur weh, dass ich so viele Leute kennen gelernt habe, Leute, die mich sehr geliebt haben. Leute, die in schlechten Situationen bei mir waren, die mir so viel Hoffnung gegeben haben. Das tut mir weh, wenn ich meine sehr guten Freunde nicht mehr sehen kann.
Wegen der Unsicherheit, weil ich nicht wusste, ob ich bleiben kann oder nicht, konnte ich nicht meine wirklichen Gefühle zeigen, denn ich wusste, dass der Abschied bei einem negativen Ergebnis sehr schwer werden würde.

Genau das ist passiert, wovor ich Angst hatte.
Ich bin sehr dankbar, dass ich Euch bei mir hatte.
Dankeschön für alles, was Ihr für uns gemacht habt!

Ich vermisse Euch sehr.
Euer K.

DANKE

Ich bedanke mich bei allen Unterstützern, Helfern, sowie meiner Familie, die dieses Buch möglich gemacht haben.

Sehr dankbar bin auch für die vielen neuen Freunde aus aller Welt (Flüchtlinge, „Gutmenschen“, Künstler), die ich im Zuge dieses Projekts gewinnen durfte.

Und ganz besonderer Dank gilt natürlich Khalid, der viel Zeit geopfert hat, sich aufrichtig seiner Geschichte und meinen vielen Fragen zu stellen. Ich wünsche Dir von Herzen, dass dieser große Durst nach Frieden, Heimat und Freiheit irgendwann gestillt sein wird.

ÜBER DIE AUTORIN

M. C. Strobl wurde 1972 in Österreich geboren, wo sie immer noch mit ihrer Familie lebt.
Sie hat es sich zur Aufgabe gemacht, Tabus sowie Reizthemen der Gesellschaft aufzugreifen und sie gefühlvoll, ehrlich und nackt aufs Tapet zu bringen.

www.mcstrobl.jimdo.com

"Woandershin Einwandern Auswandern"

Dieses Video entstand im Rahmen der Entwicklung der Ausstellung

WOANDERSHIN | Einwandern – Auswandern

für das Museum Hartberg im Jahr 2018.

Schülerinnen der HLW-Hartberg erarbeiteten es
gemeinsam mit KünstlerInnen und dem Ausstellungskurator.

Literarische Vorlage: M.C. Strobl, Durst, 2017, BoD

Begleitende Pädagogin: Mag.a Eva Mayer-Maderbacher

KünstlerInnen: Behnaz Aparviz, Christian Ringbauer

Impuls: Beate Maurer, Schülerin der Bafep, Hartberg

Organisation und Koordination: Andreas Lehner

DURST

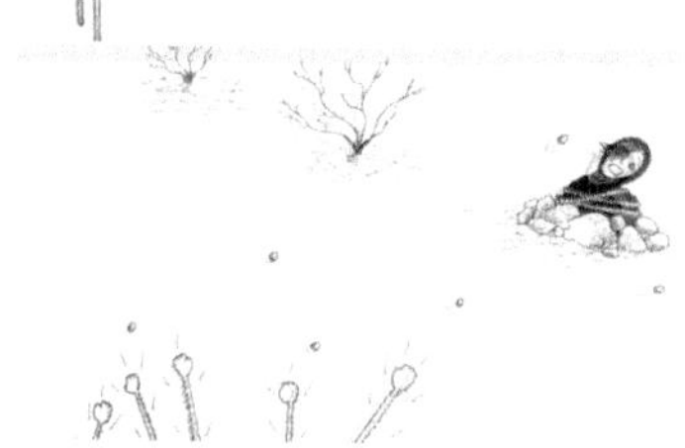

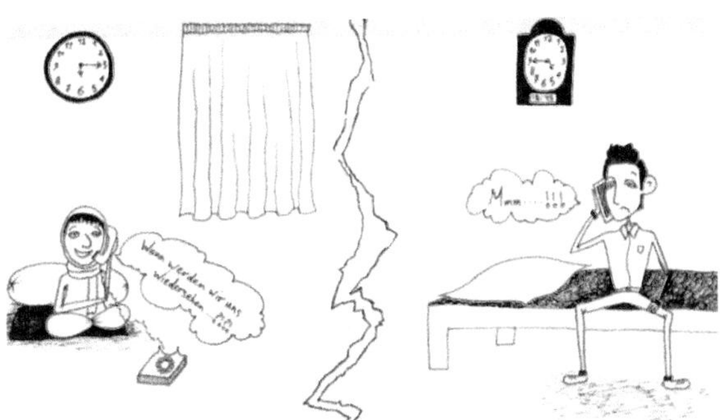
Wann werden wir uns wiedersehen...??
Mmm....!!!

Einige der Fragen, die sich die Schülerinnen im Rahmen des Projektes stellten:

Gibt es überhaupt legale Möglichkeiten, nach Europa einzuwandern?

Wie viele geflüchtete Menschen gibt es zur Zeit in Österreich?

Wie gestalten Asylwerber ihren Alltag?

Was wäre für mich ein Grund, aus Österreich zu flüchten?

Wie würden junge Männer aus Österreich reagieren,
wenn sie so lange und so viel warten müssten wie Asylwerber?

ADRESSEN

Wenn auch Du Flüchtlinge kennen lernen und/oder unterstützen möchtest, oder Dich einfach nur informieren willst, gibt es hier einen kleinen Auszug von Adressen, an die Du Dich wenden kannst:

Amnesty International: www.amnesty.org
Aufstehen: www.aufstehen.de
Arbeitsintegration: www.arbeitsintegration.net
Caritas: www.caritas-wien.at
Asylkoordination: www.asyl.at
Asyl in Not: www.asyl-in-not.org
Fairness Asyl: www.fairness-asyl.at
Menschenwürde Österreich: www.mwoe.at
Omas gegen rechts: www.omasgegenrechts.com
Volkshilfe: www.volkshilfe.at
SOS Mitmensch: www.sosmitmensch.at
Verein Flüchtlingsprojekt Ute Bock: www.fraubock.at
www.flucht-migration.amnesty.at
Gegen Abschiebung nach Afghanistan: www.sichersein.at
Diakonie: www.diakonie.at/fluechtlingsdienst
Wir sind Asyl: www.wir-sind-asyl.net

Weiße Rose Gemeinschaft: #wirsindmehr
Autor Hans Henning Scharsach: www.empoerteuch.at